O trabalho na economia global

CB142269

BIBLIOTECA UNIABC

O trabalho na economia global

Paulo Sérgio do Carmo

Formado em Sociologia pela Fundação Escola de Sociologia e Política de São Paulo. Mestre em Filosofia pela PUC de São Paulo. Autor de *Merleau-Ponti: uma introdução*, Editora Educ, e *Culturas da rebeldia: a juventude em questão*, Editora Senac.

2ª edição

Edição reformulada

331
C287t
2.ed./e.1
UNIABC
112275
TOMBO
2396258

Moderna

© PAULO SÉRGIO DO CARMO 2004
1ª edição 1998

Moderna

COORDENAÇÃO EDITORIAL José Carlos de Castro
EDIÇÃO DE TEXTO Ademir Garcia Telles
PREPARAÇÃO DE TEXTO Marta Lúcia Tasso
COORDENAÇÃO DE PRODUÇÃO GRÁFICA Fernando Dalto Degan
COORDENAÇÃO DE REVISÃO Estevam Vieira Lédo Jr.
REVISÃO Equipe Moderna
EDIÇÃO DE ARTE, PROJETO GRÁFICO E CAPA Ricardo Postacchini
FOTO DA CAPA Homem e mulher comprimentando-se dentro de um globo — CID.
COORDENAÇÃO DE PESQUISA ICONOGRÁFICA Ana Lúcia Soares
PESQUISA ICONOGRÁFICA Ana Claudia Fernandes
As imagens identificadas com a sigla CID foram fornecidas pelo Centro de Informação e Documentação da Editora Moderna.
DIAGRAMAÇÃO Adriana Domingues de Farias
COORDENAÇÃO E TRATAMENTO DE IMAGENS Américo Jesus
SAÍDA DE FILMES Helio P. de Souza Filho, Marcio Hideyuki Kamoto
COORDENAÇÃO DE PRODUÇÃO INDUSTRIAL Wilson Aparecido Troque

IMPRESSÃO E ACABAMENTO: Yangraf Gráfica e Editora Ltda.

Dados Internacionais de Catalogação na Publicação (CIP)
(Câmara Brasileira do Livro, SP, Brasil)

Carmo, Paulo Sérgio do, 1950- .
O trabalho na economia global / Paulo Sérgio do Carmo. — 2. ed. reform. — São Paulo : Moderna, 2004. — (Coleção polêmica)

Suplementado pelo manual do professor.
Bibliografia.
ISBN 85-16-03946-3

1. Capitalismo 2. Economia mundial 3. Ensino médio 4. Relações econômicas internacionais 5. Trabalho e classes trabalhadoras I. Título. II. Série.

03-6462 CDD-331

Índices para catálogo sistemático:
1. Globalização econômica e trabalho : Economia : Ensino médio 331
2. Trabalho e globalização : Economia : Ensino médio 331

ISBN 85-16-03946-3

Reprodução proibida. Art.184 do Código Penal e Lei 9.610 de 19 de fevereiro de 1998.

Todos os direitos reservados

EDITORA MODERNA LTDA.
Rua Padre Adelino, 758 - Belenzinho
São Paulo - SP - Brasil - CEP 03303-904
Vendas e Atendimento: Tel. (0_ _11) 6090-1500
Fax (0_ _11) 6090-1501
www.moderna.com.br
2004

Impresso no Brasil

CÓPIA NÃO AUTORIZADA É CRIME
ABDR
ASSOCIAÇÃO BRASILEIRA DE DIREITOS REPROGRÁFICOS
RESPEITE O DIREITO AUTORAL

Sumário

Introdução

Parte das transformações que o mundo do trabalho vem sofrendo pode ser atribuída a um novo conceito, chamado *globalização*. Trata-se de uma palavra que tem sido largamente empregada nos últimos anos, servindo como chave para explicar as mudanças por que o mundo, aí incluído o Brasil, vem passando nas últimas décadas.

A globalização implica o aumento de intensidade dos fluxos comerciais e financeiros, bem como dos contatos e trocas entre empresas e pessoas em diferentes partes do mundo.

A discussão do tema e o emprego da palavra globalização ocorreram inicialmente nos Estados Unidos a partir da metade da década de 1980. Alguns anos mais tarde, o assunto passou a despertar interesse em todos os lugares. Embora, em sentido amplo, o processo da globalização se tenha iniciado no período das grandes descobertas dos navegadores dos séculos XV e XVI, a novidade está nas dimensões que assumiu na atualidade.

A grande mudança que define a era econômica do fim do século XX é que o mundo se tornou crescentemente capitalista, interligado em um sistema de relações de comércio e investimento. Em todas as partes do mundo a produção é baseada no trabalho assalariado e está voltada para o lucro e a universalização do capital.

Com o fim da Guerra Fria*, em 1989, que marcava a rivalidade entre os Estados Unidos — país representante máximo do capitalismo — e a União Soviética — guardiã do socialismo —, não há nenhuma alternativa evidente ao capitalismo em cena. No plano econômico, o desmantelamento do regime socialista derrubou uma das últimas barreiras à expansão do capitalismo e à internacionalização da economia de mercado. Com resposta a essas mudanças, as nações estão se organizando nos novos blocos econômicos surgidos nos últimos anos.

A derrocada da economia planificada (socialista) reforçou o avanço das idéias neoliberais. A liberdade proposta por essas idéias é a de deixar que o mercado, e não o Estado, seja o agente regulador da vida econômica. No entanto, a interferência do Estado na economia no decorrer do século XX se fez necessária no sentido de se evitarem as crises econômicas do capitalismo e manter-se o pleno emprego da mão-de-obra. Essa política foi chamada de *keynesianismo*, em referência às idéias do economista inglês John Maynard Keynes.

Na maioria dos países capitalistas avançados também vem ocorrendo o declínio da política estatal assistencialista de assegurar gastos públicos com previdência social, educação, saúde e outros benefícios sociais. O Estado que assegurava esses benefícios é denominado *Estado do Bem-Estar Social*.

A nova cruzada em favor de deixar que a economia se desenvolva ao sabor do mercado passou a ser chamada de *neoliberalismo*. Seus princípios estão sendo amplamente adotados não só nos países do Terceiro Mundo como também naqueles recém-saídos do socialismo. No momento, as idéias neoliberais detêm a hegemonia na maior parte do mundo.

Outras mudanças aceleradas vêm ocorrendo no mundo. São elas: uso intensivo de novas tecnologias, como robôs e computadores; redução de preço dos transportes de cargas internacionais; revolução na comunicação com as redes computadorizadas; acirrada competição comercial dos novos países de industrialização emergente, como Brasil, México, China, dentre outros, e os chamados Tigres Asiáticos (Coréia do Sul, Cingapura, Taiwan e Hong Kong). As empresas multinacionais dão as cartas decidindo **onde**, **quando** e **como** produzir, indo em busca de mão-de-obra barata, de mercado e de matérias-primas em qualquer parte do globo. Todos esses fatores repercutem no mundo do trabalho em escala internacional.

Os novos métodos de produção japoneses, como o *toyotismo*, originados na indústria automobilística Toyota, proporcionando produção mais flexível, ágil e com ênfase no desempenho operário, têm substituído a rigidez do modelo *fordista*. A reestruturação do trabalho em escritório, tanto no setor privado quanto no público, tem provocado dispensa em massa de trabalhadores. Com altos índices de desemprego, novos desafios são impostos ao sindicalismo em uma sociedade com redução crescente dos postos de trabalho.

Como ocorreu com a Revolução Industrial iniciada no século XVIII, as transformações do trabalho numa ordem global são um processo que, embora esteja apenas em seu início, tem-se acelerado nos últimos anos. Certamente essas transformações vão gerar um novo tipo de sociedade que ninguém ainda pode prever com clareza.

1. Um mundo interligado

Globalização: fenômeno antigo que começou com as grandes navegações dos séculos XV e XVI, passando pela expansão da Revolução Industrial do século XVIII e culminando com o crescimento das corporações transnacionais do século XX. Contribuíram também a revolução nos transportes com rapidez e barateamento, bem como a revolução nas comunicações, tornando o mundo cada vez "menor".

Moro em Portland, Oregon, onde a Nike tem a sua sede empresarial. (...) Precisando de tênis novos, comecei a procurar. (...) Pegava um tênis atrás do outro e lia 'Made in China', 'Made in Korea', 'Made in Indonesia', 'Made in Thailand'. Comecei a pedir tênis fabricados nos EUA aos balconistas. Os poucos que não ficaram confusos me disseram que não existem tênis fabricados nos EUA.

Telefonei para a Nike e falei com o responsável pelo atendimento aos clientes, e ele me disse que a empresa ainda está manufaturando na Indonésia e em vários países da região. Liguei para a sede da L. A. Gear em Santa Mônica. Eu disse: 'Os tênis que vocês produzem são fabricados nos

> EUA?' 'Fabricados aqui?', perguntou, espantada, a pessoa que me atendeu. Ela me disse que seus tênis são produzidos no Brasil e na Ásia.
>
> (Adaptado de Sally Tisdale, *Folha de S.Paulo*, 2 out. 1994.)

Essa notícia de jornal, cujo título é "Americanos fabricam os seus tênis em toda parte", demonstra duas tendências da economia atual: as empresas produzem em diferentes partes do mundo, onde a mão-de-obra e as matérias-primas, em maior quantidade, são mais baratas e onde os mercados consumidores se constituem em escala internacional. Esse é o fenômeno da globalização ou da mundialização da economia.

A globalização implica mudança no ritmo da indústria, do comércio, das comunicações e dos transportes, configurando uma situação de crescente interdependência econômica entre os países. O capital se internacionaliza; investe-se em inúmeros países, regiões e continentes com diferentes situações econômicas. Seus primeiros movimentos começaram na década de 1980.

O processo de globalização supõe um amplo rearranjo na economia mundial, causado pela revolução tecnocientífica e também pela grande concentração de capitais. Contudo, ele não se restringe aos aspectos econômicos; estão envolvidas também a tecnologia, a cultura e outras questões não menos importantes.

A velocidade das trocas tem crescido em ritmo acelerado nos últimos anos, numa integração entre países comandada pelas grandes corporações de empresas multinacionais.

O primeiro fato que dá impulso a essa expansão é a revolução tecnológica da informática, que acelerou a capacidade de processar informações entre pessoas e grandes empresas. Decorrente disso, temos o barateamento da transmissão de informações e interurbanos nacionais e internacionais e, por fim, a redução do preço do transporte de carga internacional e o grande aumento na oferta.

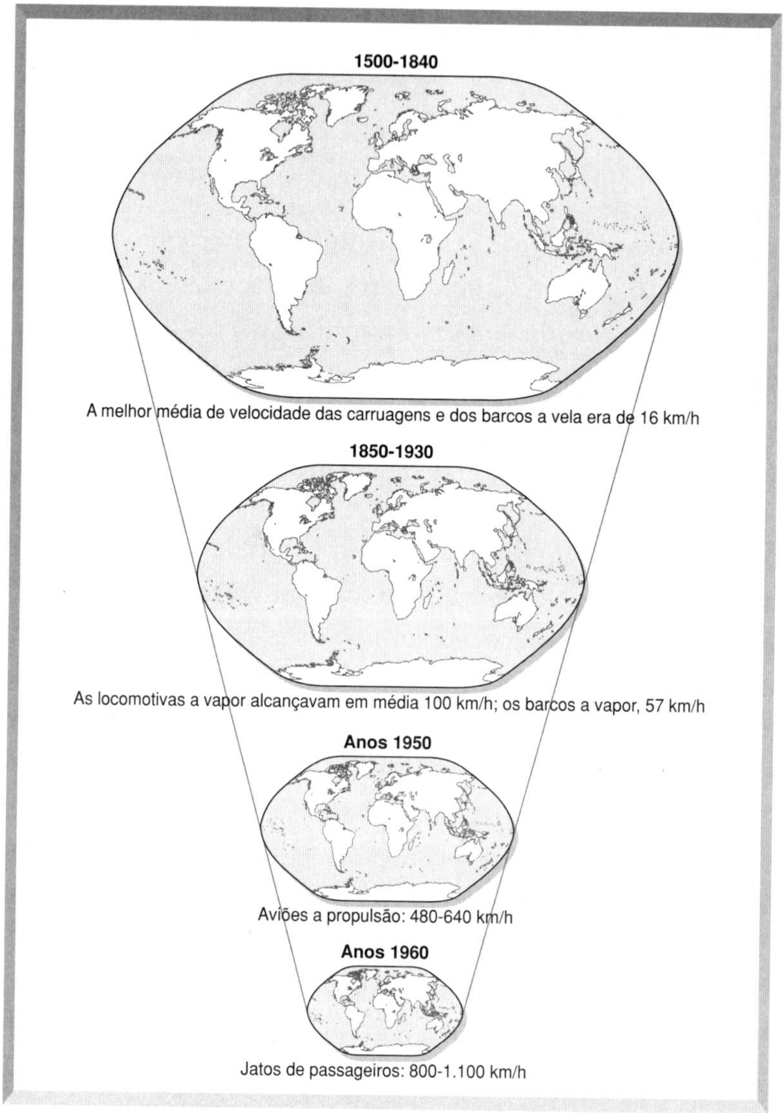

As inovações nos transportes encurtaram cada vez mais as distâncias.
Fonte: *A condição pós-moderna*, D. Harvey. Edições Loyola, 1989, p. 220 (adaptado).

Antecedentes históricos

O processo de integração e de circulação de mercadorias para além das fronteiras nacionais existe há muito e só ele não é suficiente para caracterizar algo de novo.

Em 1848, dois teóricos do socialismo, Marx e Engels, escreveram o Manifesto Comunista, em que já mostram o avanço do capitalismo no mundo:

> A necessidade de mercados cada vez mais extensos para seus produtos impele a burguesia para todo o globo terrestre. Ela deve estabelecer-se em toda parte (...). Através da exploração do mercado mundial, a burguesia deu caráter cosmopolita à produção e ao consumo de todos os países. Em lugar das velhas necessidades, satisfeitas pela produção nacional, surgem necessidades novas, que para serem satisfeitas exigem produtos das terras e dos climas mais distantes (...). Em lugar da antiga auto-suficiência e do antigo isolamento local e nacional, desenvolve-se em todas as direções um intercâmbio universal, uma universal interdependência das nações.

Esse texto, ainda bastante atual, mostra que hoje em dia a novidade reside na aceleração do ritmo dos acontecimentos. Assim, ao retrocedermos ao passado, constatamos que o esforço econômico em direção à superação de fronteiras é um processo antigo, mas que sempre progrediu com certa lentidão. Quando os navegadores portugueses quebraram o monopólio comercial das cidades italianas com o Oriente, uma nova era estava se iniciando e toda a Europa se beneficiava dos produtos oriundos de outros continentes.

O acesso ao Oriente e a descoberta da América trouxeram crescentes riquezas para a Europa, resultando num mundo com grandes cidades, indústrias e bancos. O capitalismo se expandia geograficamente por todo o globo e lentamente se formava um sistema único de produção e consumo de mercadoria.

Em *A sociedade global*, o sociólogo Octávio Ianni resume a história da globalização em três fases distintas.

A primeira inicia-se nos séculos XV e XVI, com as grandes navegações, que resultaram na descoberta de regiões do globo ainda não exploradas pelos europeus.

A segunda fase ocorreu no século XVIII, no período da Revolução Industrial, com as principais nações européias expandindo seus mercados consumidores em todo o mundo. O desenvolvimento de novas técnicas possibilitou o aumento da produtividade do trabalho humano e, conseqüentemente, propiciou o aumento da produção de mercadorias com menor custo e lucros maiores. Com a Revolução Industrial, surgem novos personagens na cena social, como o operariado e seus mecanismos de luta, os sindicatos e as idéias socialistas de emancipação da classe trabalhadora.

A terceira fase, a atual, iniciou-se no pós-guerra com o domínio completo das empresas multinacionais e a integração ainda maior dos grandes mercados mundiais à periferia do sistema econômico, isto é, os países do chamado *Terceiro Mundo*.

Por se tratar de uma nova espécie de processo social, algo nunca antes visto, muitas são as discussões dos estudiosos. Nossa civilização é cada vez mais transnacional: tecnologia e fontes de informação idênticas nos unem. Esse mundo "transnacional" não é, porém, um mundo uniforme. Alguns países ou regiões se desenvolvem mais depressa, e diferentes classes sociais podem ser mais ou menos beneficiadas.

A aldeia global

O fenômeno modernizante parece não parar, difundindo-se pelos mais remotos e recônditos cantos do planeta. Pode-se ver TV no interior da floresta amazônica ou nas montanhas do Tibete. Os cidadãos da Alemanha Oriental, antes da queda do muro de Berlim, em 1989, puderam captar informações de que algo não ia bem com o regime comunista. Causou espanto no meio político quando se soube que índios guerrilheiros do estado de Chiapas, no México, embrenhados na selva, passaram a manter comunicação com o mundo via Internet. Vivemos numa "aldeia global".

Esse conceito de "aldeia global" foi criado pelo intelectual canadense Marshall McLuhan, da Universidade de Toronto, na década de 1960, para nomear os acontecimentos no mundo da comunicação. Ele observou que havia cada vez mais entrelaçamento dos meios de comunicação, mas talvez não imaginasse que na virada do século XX o mundo passaria por mudanças tão profundas e radicais. Via cabo, via satélite, via fax, telefone ou Internet, o homem se transporta para qualquer parte, sem ter de viajar.

A tecnologia, para McLuhan, pode ser compreendida como uma espécie de extensão do nosso corpo. Dessa forma, a roda seria uma extensão dos nossos pés; o telefone, dos nossos ouvidos; o telescópio ou a TV, dos nossos olhos. A rede de comunicação formaria uma teia à semelhança do nosso sistema nervoso e, dessa forma, mediante uma rede neural de comunicações nosso cérebro se espalharia pelo mundo todo. Estamos rumando para a era da realidade virtual como se objetos, pessoas e idéias se transfigurassem pela magia da eletrônica.

Temos assim a sensação de que o nosso mundo está mudando, está girando mais depressa, como se ele tivesse encolhido. As multinacionais encaminham-se para uma produção pulverizada em todos os cantos do mundo, segundo as suas conveniências de custo, e não dependem de um país específico para sobreviver.

Transformações recentes como a microeletrônica, a biotecnologia e a energia nuclear constituem o conjunto tecnocientífico da sociedade "pós-industrial", conceito que sugere haver um novo modelo de sociedade. Note-se,

OSCAR CABRAL/ABRIL IMAGEM

Conectados com o mundo da fantasia e dos sonhos, esses pobres moradores procuram escapar da dura realidade que os cerca.

aliás, como é comum hoje o emprego do prefixo "pós" para tantos fenômenos diversos; ele revela a tentativa de se compreender a nova configuração mundial. O termo "sociedade pós-industrial" indica a rápida queda no número de operários fabris a partir da década de 1970 e o avanço do setor de serviços. Com a robótica e a microeletrônica, afirma-se que estamos vivenciando a Terceira Revolução Industrial.

Mesmo divergindo na interpretação dessas mudanças, os estudiosos são unânimes em destacar a importância das tecnologias de ponta no processo de organização da nova produção fabril. São elas que dão possibilidade de configuração global às empresas multinacionais, facilitando o surgimento das subsidiárias dispersas pelo planeta. Nesse sentido, alguns autores dirão que estamos diante de um "novo modo de industrialização", completamente diferente daquele vinculado às chaminés das fábricas com milhares de operários de macacão.

As transnacionais

A contraposição dos conceitos de empresa "multinacional" e "transnacional" permite entender a passagem em direção a uma era inteiramente globalizada. Há quem prefira o uso dos termos "empresa transnacional" para descrever a nova era da produção, com a justificativa de que a nova empresa está em todos os cantos do mundo e, assim, torna-se ultrapassada a designação "multinacional". A empresa multinacional opera num número determinado de países e ajusta suas atividades e seus produtos para cada um deles. Já a corporação transnacional opera em todo o planeta como se ele fosse uma única nação: ela vende as mesmas coisas, e da mesma maneira, em todos os lugares.

A multinacional, apesar de seu caráter diversificado e extraterritorial, ainda mantinha laços estreitos com o terreno nacional onde era instalada. Para a estratégia empresarial, cada país ou conjunto de países era considerado uma unidade específica, indivisa. Dessa perspectiva, o mercado global seria formado por subconjuntos autônomos, exigindo, para cada um deles, um tratamento particular.

Ao tratar o mundo como mercado único, a transnacional redimensiona suas prioridades. Seu desempenho é ditado pela competição mundial, e não apenas regional. Em função do mercado internacional, a concorrência entre as empresas — quer sejam produtoras de automóveis, aviões, artigos farmacêuticos ou computadores — está levando-as a produzir e a vender em todas as principais regiões econômicas do globo. As especificidades de cada país são, nesse caso, secundárias, e apenas se levam em conta algumas modificações regionais.

Com informações em tempo real, isto é, transmitidas e recebidas no mesmo momento, as redes de comunicação oferecem possibilidades de conectar instantaneamente diferentes pontos do planeta, o que tornam irrelevantes as distâncias. Se isso é fundamental para as operações empresariais, também provoca efeitos em nosso imaginário, com a impressão de que o tempo se reduziu e o espaço encolheu.

Como se vê, a descentralização das atividades empresariais pode ser posta em prática com as facilidades permitidas pela nova tecnologia. Tomemos o exemplo de uma empresa ligada à fabricação de equipamentos de geração e transmissão de energia elétrica como a ABB (Asea Brown Boveri). Em entrevista a uma revista americana o presidente dessa empresa afirma:

> A ABB é uma companhia sem centro geográfico, sem eixo nacional para se apoiar. Nós somos uma federação de companhias nacionais com um centro de coordenação global. Somos nós uma empresa suíça? Nosso quartel-general é em Zurique, mas somente cem profissionais nele trabalham, e não temos a intenção de aumentar esse número. Somos uma companhia sueca? Eu sou o diretor-geral, nasci e fui criado na Suécia. Mas nosso quartel-general não é na Suécia, e apenas dois, dos oito membros do conselho de direção, são suecos. Talvez sejamos uma companhia americana? Nossos relatórios de finança são feitos em dólar, e o inglês é a língua oficial da ABB. Fazemos todos os nossos encontros em inglês. Minha opinião é que a ABB

não é nenhuma dessas coisas, e todas essas coisas. Nós não estamos sem teto, somos uma companhia com vários lares.

(Renato Ortiz, *Mundialização e cultura*.)

A irrelevância da nacionalidade das transnacionais acompanha o desenraizamento dos produtos. Isso torna necessária, entretanto, a reformulação da política de pessoal. Grande parte do setor produtivo e dos funcionários desses grupos está em unidades fora do país de origem. A companhia aérea Swissair, por exemplo, transferiu parte de seu escritório de contabilidade de Zurique, na Suíça, para Bombaim, na Índia, o que foi facilitado pela conexão de uma rede de computadores.

No processo de transição da empresa multinacional para a transnacional, é necessário rever muitos princípios. Um deles é a necessária adoção do inglês como língua padrão. Idioma mundial e de largo emprego na informática, ele preenche o papel de mediador universal nas comunicações, envolvendo todo tipo de intercâmbio. A língua inglesa é empregada em 85% das ligações internacionais, em 75% da correspondência mundial e em mais de 80% dos livros científicos publicados. Os executivos asiáticos conduzem suas negociações globais em inglês, e o aprendizado dessa língua cresce vertiginosamente em todo o mundo.

O fenômeno da globalização implica também a perda da importância da centralidade de muitas empresas, o que exige mobilidade e deslocamento das tarefas. O gerenciamento centralizado, portanto, perde sua razão de ser. As filiais já não podem ser consideradas como um elemento estranho à matriz; elas fazem parte de uma rede, trabalhando para a produção do todo.

Uniformidade *versus* diversidade

O modelo da sociedade pós-industrial se impôs em quase todas as partes do mundo. Não só os homens de negócio, mas também os turistas costumam afirmar que "o mundo está cada vez mais idêntico". Quando viajam, sentem que não há mais diferença nas escolhas, e que os consumidores se tornaram compradores dos mesmos produtos. Há uma tendência à homogeneização, com hotéis, aeroportos e supermercados praticamente iguais. Para fugir da mesmice do mundo, as companhias de turismo cada vez mais organizam viagens a recantos exóticos, selvagens e arcaicos. Nem sempre os resultados são os esperados. Uma tribo do Quênia, por exemplo, sobrevive representando sua cultura típica para os estrangeiros. Durante suas apresentações não é permitido a eles usarem "relógios digitais, camisetas ou meias de futebol, rádios, *walkmans*, recipientes de metal, plásticos, latas de alumínio e equipamentos de cozinha produzidos em massa". Para demonstrar autenticidade, tudo deve ser escondido da vista dos turistas.

Atualmente, consome-se em quantidade cada vez maior o produto sem pátria, sem identidade nacional. Por toda a parte, encontram-se os mesmos símbolos: Nike, Coca-Cola, Benetton, IBM, McDonald's, Marlboro, Microsoft, Lee, Lewis. Nas tevês a cabo, apesar da infinidade de canais, predomina a influência das grandes redes. Nos supermercados de todo o mundo, vendem-se alimentos e outros artigos de consumo oriundos dos mais variados pontos do globo.

Diante disso, alguns ramos da produção em massa começam a ser substituídos por um novo processo industrial que possibilita a produção em pequena escala de uma variedade de modelos. Essa mudança é resultante da aplicação de novas tecnologias flexíveis que permitem às empresas mudar o processo de produção com um simples comando de computador. Há um misto de produtos de massa e outros em processo de desmassificação.

Como conseqüência, o universo do consumo está passando por uma fase de grande diversificação aparente. Pouco a pouco, vai-se criando, ao lado da oferta em massa de produtos idênticos, faixas diferenciadas de produtos. A lógica, porém, se mantém a mesma. Assim, ao lado da homogeneização nos padrões de comportamento, principalmente entre os jovens, por exemplo, ocorre a diversificação de artigos capazes de satisfazer os desejos de determinados consumidores, avessos à padronização. Também a heterogeneidade de produtos supérfluos, de consumo imediato ou descartáveis, possibilita que diversos grupos sociais possam se "diferenciar" dos demais, como no modo de se vestir, por exemplo, acreditando com isso ganhar sua própria identidade. Há quem diga que no mundo atual "quanto mais parece haver diversidade, mais ela é acompanhada pela uniformidade".

Assim, cada vez mais os produtos consumidos estão deixando de ser genuinamente nacionais. A ausência de um território definido de produção pode ser expressa no texto a seguir:

> Um carro esporte Mazda é desenhado na Califórnia, financiado por Tóquio; o protótipo é criado em Worthing (Inglaterra) e a montagem é feita nos Estados Unidos e no México, usando componentes eletrônicos inventados em Nova Jersey e fabricados no Japão. O Ford Fiesta é montado em Valência (Espanha), mas os vidros vêm do Canadá; o radiador, da Áustria; os cilindros, as baterias e a ignição, da Inglaterra; os pistões, da Alemanha; e o eixo de transmissão, da França. Uma campanha publicitária de cerveja, feita pela Saatchi & Saatchi, é concebida na Inglaterra, rodada no Canadá, editada em Nova York. Um 'filme global', realizado para um público-alvo mundial, é produzido por uma *major* de Hollywood, dirigido por um cineasta europeu, financiado pelos japoneses, contém no elenco vedetes internacionais, e as cenas se passam em vários lugares do planeta. As roupas japonesas, consumidas no mercado americano, são fabricadas em Hong Kong, Taiwan, Coréia do Sul e Cingapura; já a indústria de confecção norte-americana, quando inscreve em seus produtos 'made in USA', esquece de mencionar que eles foram produzidos no México, no Caribe, ou nas Filipinas.
>
> (Renato Ortiz, *Mundialização e cultura.*)

Com a modernização competitiva, cada vez mais as economias locais, ao ficarem expostas à concorrência internacional, perdem importância relativa.

O Estado deixa de investir

Com a globalização, as nações perdem parte de sua importância política e deixam de controlar as economias nacionais, em razão do fortalecimento das corporações transnacionais que comandam a economia mundial. Uma área em que o fenômeno da mundialização se mostra mais visível é a das finanças em geral.

O acelerado crescimento dos fluxos financeiros internacionais, associado às facilidades na área das telecomunicações e da informática, tornou o mercado interno de um país mais vulnerável aos movimentos especulativos. As fronteiras entre as funções do sistema financeiro tornaram-se as mais porosas. O grau de complexidade do sistema econômico assusta a compreensão da maioria das pessoas. Cada vez mais o dinheiro, por assim dizer, desmaterializa-se e a rede bancária torna-se mais internacionalizada. Pode-se efetuar movimentações financeiras em quase toda parte do globo e a qualquer hora. Os bancos centrais dos países vêm perdendo parte do seu poder de proteger moedas contra corridas especulativas. As oscilações econômicas não se dão de forma isolada. A forte queda na Bolsa de Valores de um determinado país asiático pode causar o efeito dominó, provocando queda em outras partes do globo, como Brasil e México, onde os problemas econômicos são semelhantes.

Em comparação com a gigantesca capacidade de investimento do capital particular, a quantidade de dinheiro disponível pelos Estados para aplicação nos países é muito pequena. No pós-guerra, o investimento estatal ainda era suficiente. Os governos gastavam mais dinheiro com saúde pública, seguro-desemprego, aposentadoria. Na atualidade, o Estado afirma estar sem fundos para investir, e as multinacionais detêm dinheiro suficiente para ocupar a primazia da produção.

Algumas décadas passadas havia um esforço por parte do Estado em proteger as empresas e setores mais frágeis e exercer o papel de planejar e coordenar o desenvolvimento econômico. Atualmente, o Estado, envolto em crises, tem transferido para a iniciativa privada parte de seus compromissos como, por exemplo, a assistência médica.

Outra decorrência do processo de globalização está no gigantismo das empresas. Note-se que as dez maiores corporações multinacionais faturam mais que o Produto Interno Bruto (PIB) de muitos países do Terceiro Mundo. No setor privado, as empresas multinacionais detêm o controle direto ou indireto de cerca de um terço da capacidade produtiva mundial.

Com referência ao domínio das tecnologias de ponta, são as grandes corporações transnacionais que detêm hoje essas inovações tecnológicas. Por tecnologia de ponta compreende-se a montagem final de um conjunto de peças recebidas de outras fábricas, resultando, por exemplo, na produção de componentes eletroeletrônicos para geladeiras, televisores, vídeos, computadores, automóveis e até mesmo aviões. São as transnacionais que realizam grandes investimentos em pesquisa, e não os governos dos países onde elas atuam. Essas empresas têm seus próprios laboratórios e financiam grande parte da ciência acadêmica visando à manutenção da liderança nos mercados em que operam. A contínua inovação tecnológica requer pesados investimentos em produtos que, no entanto, rapidamente se tornam obsoletos.

Veja-se, por exemplo, o avanço na biotecnologia, área em que alguns cientistas prevêem que ocorra a próxima revolução. Manipulando o código genético descoberto pelos engenheiros, o objetivo da biotecnologia é melhorar a força, o tamanho ou a resistência de plantas, animais ou outros organismos.

Como exemplos da aplicação da biotecnologia podemos citar a introdução de hormônio do crescimento bovino para aumentar a produção de leite, as alterações genéticas das células reprodutoras de animais, a criação de plantas de crescimento rápido e resistentes a vírus e insetos, além do desenvolvimento de lavouras insensíveis a determinados parasitas ou pragas.

No campo da química, o impacto da criação de novos produtos é semelhante ao que causou o náilon ante o algodão. Os chamados "novos materiais" desenvolvidos em laboratórios, como os produtos petroquímicos, vêm substituindo as matérias-primas em diversos ramos da produção.

Diante disso, fica reservada ao Estado a tarefa de cuidar da segurança, da saúde pública, da educação primária e de outras atividades regulamentares.

"Pense global, aja localmente"

A transformação por que o mundo vem passando causa grandes incertezas e temores diante da perspectiva de as mudanças aceleradas poderem causar desemprego, maior massificação das culturas populares e diminuição da soberania dos Estados. Cabe dizer, porém, que a globalização nem sempre significa necessariamente igualdade ou homogeneidade cultural. A França, por exemplo, além de exercer uma intensa vigilância contra o uso indiscriminado do idioma inglês na comunicação, tem também se esforçado para impor cotas que limitem a entrada de filmes e programas de TV americanos em suas telas.

Resistências mais radicais se revelaram, por exemplo, nos conflitos entre os diferentes povos que convivem na ex-União Soviética. Segundo o historiador norte-americano Paul Kennedy, em *Preparando para o século XXI*, mais de setenta anos de domínio de um forte governo centralizador na Rússia não foram suficientes para apagar a identidade de muitas nações e etnias que faziam parte daquele conglomerado de países.

Por sua vez, os países de regime político fechado têm cada vez mais dificuldades para manter seu povo na ignorância. O desastre da usina atômica de Chernobyl (1986), por exemplo, foi amplamente fotografado por um satélite francês, e as fotos rapidamente difundidas em todo o mundo chegaram até a própria União Soviética.

Mas a ansiedade e o ressentimento andam juntos quando as mudanças ocorrem em ritmo veloz. Os antropólogos afirmam que é mais fácil difundir técnicas do que valores. Mentalidade, religião, cultura ou costumes são mais profundos e estão enraizados nas pessoas. Como afirma o jornalista Roberto Pompeu de Toledo, "há uma tendência para a humanidade se encontrar no tênis Nike e no Big Mac, mas isso coexiste com a retomada do fundamentalismo islâmico".

Ora, o fundamentalismo islâmico do Irã, por exemplo, pode ser interpretado como uma recusa à modernidade e aos valores ocidentais. O surgimento de paixões religiosas fez com que grupos radicais (xiitas), apoiados pelo governo, chegassem a arrancar antenas parabólicas das residências, como tentativa de se evitar a entrada dos valores culturais permissivos do Ocidente. Tratava-se de manter o valor tradicional longe da "mercantilização" do mundo.

Outra força igualmente poderosa que caminha no contrafluxo da sociedade global é o renascimento de movimentos separatistas nacionalistas, que ocorreram, por exemplo, na antiga Iugoslávia, após a desintegração do socialismo no Leste Europeu.

Também há a tolerância ou a revalorização das culturas locais com suas tradições e seus costumes, como é o caso, por exemplo, dos bascos, na Espanha, que há alguns anos eram vistos pelo governo franquista como uma ameaça à integridade daquele país.

Algumas regiões marcadas por históricos conflitos étnicos têm tido, no entanto, maior tolerância de certos governos que aceitam que elas mantenham suas particularidades culturais sem que isso ameace a integridade nacional.

Diante da situação atual, devemos pensar o local e o global em termos de simultaneidade, e não em termos de contradição. Num aparente paradoxo, o sociólogo Renato Ortiz afirma que "a globalização se realiza através da diferenciação".

É perfeitamente louvável a existência de certos povos que procuram manter sua identidade, conservando seus costumes, línguas ou dialetos, elementos vitais para a vida social. O condenável é o separatismo em nome de uma suposta pureza étnica, com fronteiras e milícias impedindo a integração com outros povos.

Os blocos econômicos

Os blocos econômicos traduzem a tendência em marcha da regionalização na economia mundial, que se caracteriza pela progressiva extinção das barreiras alfandegárias entre os países.

Na sociedade global, caracterizada pela expansão e pela transformação do capitalismo, surgem os blocos econômicos regionais de comércio, como o Mercado Comum do Sul (Mercosul), formado por Argentina, Brasil, Paraguai e Uruguai.

O Mercosul é um bloco geoeconômico sub-regional, surgido em 1991, baseado na noção de liberação das trocas comerciais. Com esse objetivo, ele representa um projeto de integração dos mercados nacionais de seus países-membros.

As trocas comerciais entre Brasil e Argentina, por exemplo, aumentam o grau de competitividade de suas economias, ganhando espaço no mercado dos dois países aquele que produzir com mais eficiência e menor custo. *Grosso modo*, a consolidação do mercado deverá beneficiar os fabricantes de bens de consumo duráveis instalados no Brasil (como automóveis, geladeiras, televisores), enquanto a alta fertilidade de seus solos coloca a Argentina em condições vantajosas na produção de cereais e oleaginosos, bem como na oferta de carne.

Num processo de rearranjo da economia, as indústrias que apresentam produtividade média superior passam a dominar o mercado além de suas fronteiras. Nesse processo de ganho e perda pode haver acirramento de tensões sociais.

A formação de blocos econômicos regionais de comércio representa, pois, união de esforços em escala regional com o objetivo de formar uma zona de livre comércio onde as empresas possam também operar num espaço protegido. Esse processo de integração é comandado mais pela ajuda dos governos interessados do que pelo mercado. A formação de blocos econômicos foi iniciada pela Europa Ocidental, para proteger seus interesses econômicos.

A União Européia preparou a criação do mercado único com livre trânsito de mercadorias, pessoas, capitais e serviços. O Acordo de Livre-Comércio Norte-Americano (Nafta), por sua vez, é formado pelos Estados Unidos, Canadá e México. Com diferenças muito grandes entre o México e os dois outros países, o acordo não prevê a livre circulação de trabalhadores. Se, por um lado, os Estados Unidos são mais fortes economicamente que o México, por outro a mão-de-obra mexicana é muito mais barata, acarretando receio dos sindicatos norte-americanos quanto à possibilidade de transferência de fábricas para aquele país.

A lógica do processo de integração é a de que cada país deve dar prioridade à produção daquilo que melhor domina com eficiência e a preços mais baixos, para que com a ampliação do mercado consumidor todos sejam beneficiados. De maneira geral, cada país tem "vocação" para produzir bem e barato determinados produtos, pois ninguém consegue ser o melhor em tudo. Portanto, a formação de um bloco econômico nas regiões é uma realidade marcada pela exigência do capitalismo globalizado.

2. Movimentos antiglobalização

Em contraposição ao otimismo gerado pela globalização, surgem setores da sociedade descontentes com os rumos tomados pela economia. Acusam as corporações transnacionais de ditarem as regras do processo. Os ativistas políticos apresentam amplo leque de reivindicações.

O deslocamento de ar provocado pelo batimento da asa de uma borboleta em Pequim pode provocar um furacão na Califórnia.

(Guy Sorman)

Uma rede de comunicação entre as nações faz com que a ocorrência de um fato relevante em um ponto do globo, como a queda da Bolsa de Valores na Indonésia, possa derrubar os mercados financeiros mundiais. Uma crise econômica na Argentina afeta um país de economia semelhante como a do Brasil. É a chamada teoria do dominó. Um grupo terrorista pode praticar ataque em um país muito distante de sua base. Para realizarem seus protestos, ativistas políticos, mobilizados pela Internet, atravessam fronteiras em aviões, trens e ônibus fretados.

Críticos e defensores

A crescente globalização é um fato. E, juntamente com ela, vem sua carga ideológica. Segundo alguns cientistas, tem aumentado a concentração de riqueza nos países de capitalismo avançado, assim como têm sido intensificados os fluxos comerciais e financeiros, o controle tecnológico e de mercados por parte da tríade Estados Unidos, Europa e Japão. Trata-se, para alguns, de uma nova espécie de dominação colonial. Os críticos afirmam que essa idéia de empresa sem pátria não corresponde à realidade. Elas são americanas, alemãs, japonesas, sim, e os governos de seus países agem como diplomatas na garantia de seus interesses. Todas as multinacionais mantêm uma base nacional, um centro de controle cuja localização geográfica está de acordo com seus interesses.

Atribui-se à globalização uma parcela do índice de desemprego em massa. No processo de rearranjo e de adaptação, as companhias deslocam suas fábricas para outros países, terceirizam parte do trabalho, automatizam outras, e assim por diante. Muitas vezes a parte "suja" da operação é feita por terceiros, que empregam o trabalho infantil ou semiforçado, isentando-se a empresa de toda responsabilidade direta. Um executivo de uma multinacional afirmou que o ideal seria que as empresas fossem montadas sobre

PAULO LIBERT/AE

Como centro nervoso das finanças, as Bolsas de Valores mantêm contato permanente com a economia mundial.

plataformas de navios para que pudessem vagar pelo planeta em busca de menores custos de produção, ou seja, "mudar" para países que paguem os menores salários, mão-de-obra dócil e com legislação trabalhista mais flexível ou quase nula.

Segundo os estudiosos, outro efeito negativo da globalização está no enfraquecimento relativo das fronteiras nacionais. Os governos não conseguem mais deter a forte penetração do capital financeiro internacional que visa obter mais lucro na movimentação especulativa de capitais do que no investimento produtivo.

Os governos estão perdendo também a capacidade de proteger o mercado de trabalho e a renda das pessoas. Se um país se isola e institui leis que protegem e encarecem o trabalho, perde atrativo na lista de muitos projetos de investimento estrangeiro.

Alguns governos tentam deter o processo de globalização, mas a lógica do capitalismo é a derrubada de barreiras. O debate sobre a necessidade de proteção se acirra, embora muitos acreditem ser ilusório imaginar que medidas isoladas de reserva ou proteção de mercado interno possam significar real alternativa de progresso econômico.

Parte dos especialistas acredita que a globalização é um caminho sem volta, restando apenas a possibilidade de os governos incentivarem a formação de blocos econômicos regionais como medida protecionista. Os defensores da nova ordem econômica argumentam que um país com fronteiras fechadas perde a competitividade e tem pouco acesso a capitais e a novidades tecnológicas. Sua indústria torna-se obsoleta, incapaz de obter ganhos de eficiência em seus produtos, os custos de produção aumentam, resultando em inflação, e a capacidade de criar empregos diminui. Para os defensores da abertura econômica, aliás, esse fenômeno não é novidade. A economia mundial proporcionalmente já foi muito mais aberta do que é hoje, como no auge da hegemonia inglesa, entre 1870 e 1914. No caso do Brasil, por exemplo, quando se instalava ferrovia comprada dos ingleses, até a estação de trem era importada.

Além disso, a matéria-prima vem tendo importância cada vez menor para a soberania econômica de um país. É possível comprá-la a preços baixos em todos os recantos do mundo. E seu preço tende a cair ainda mais com o desenvolvimento em laboratório de novos componentes, processados, por exemplo, pela química fina. Os otimistas apregoam que a globalização seria capaz de dobrar o consumo no mundo.

Em contrapartida, os críticos da abertura econômica afirmam que, mesmo nas grandes nações industriais, a produção do campo, por exemplo, continua a ser tratada com cuidado. Apesar da decantada vantagem do livre mercado e da não-intervenção estatal, o fato é que em todo o mundo os países avançados, como Japão e França, apóiam e sustentam sua agricultura com políticas protecionistas.

Parte dessa proteção é justificada pela defesa do emprego no campo, evitando a migração em massa para os centros urbanos, e pelo sentimento nostálgico de que a família e a aldeia agrícola representam continuidade e a proximidade do centro consumidor, num mundo de transformações desnorteadoras, deve ser protegida com subvenções.

A agricultura, em que o Brasil é competitivo, continua sendo objeto de enormes subsídios e de proteção tarifária das nações desenvolvidas. A posição do Brasil junto a organismos internacionais é a elaboração de um acordo que elimine os subsídios a produtos agrícolas, posição que os Estados Unidos aceitam negociar e que a União Européia, de início, é contrária.

Quanto às empresas nacionais, elas não podem sofrer um processo predatório de abertura ao mercado externo que cause danos e que possa levá-la a ser eliminada, pois nem todas as nações se encontram em idênticos estágios de desenvolvimento e capacidade produtiva. Tem-se o exemplo do Japão que, por mais que os Estados Unidos protestem, só abre o seu mercado a conta-gotas. Já no caso brasileiro, a estrutura da economia era extremamente ineficiente e fechada até o final dos anos 80.

Com a globalização, empresas não-competitivas estão fechando e outras, prosperando. No Brasil, alguns setores que não se modernizaram o suficiente para a concorrência com a produção de fora são mais duramente atingidos pela crise do que outros. As primeiras empresas entre as inúmeras que sofreram o baque da concorrência internacional, mas que vêm conseguindo se reerguer, foram as do setor têxtil, calçadista, de autopeça e agrícola. Empresários do setor fabril atribuem a derrocada ao custo da mão-de-obra no Brasil, embora o trabalhador seja mal remunerado e a alta rotatividade no emprego mostre que a nossa mão-de-obra é bastante flexível. Alegam, ainda, a perda de competitividade com o chamado "custo Brasil", com suas rodovias esburacadas, portos obsoletos, burocratizados e altas taxas de impostos.

Diante disso, constata-se que a globalização não é uma questão de opção. Ela é um fato no sentido de uma etapa da humanidade. A opção se encontra entre o papel ativo ou passivo que o país possa ter no processo, e o desejo está não em brecar tal processo mas enquadrá-lo eticamente. Concordam os críticos que o Brasil tem de se adequar à realidade econômica mundial, mas nunca abandonar a meta do bem-estar social para poder se desenvolver.

Ativistas radicais

Por falta de maior precisão, o emprego do termo antiglobalização objetiva resumir em uma única palavra o descontentamento de parte da população com os rumos tomados pela globalização. Assim, à primeira vista, as ações de protesto de determinados grupos parecem anárquicas atirando para todos os lados na tentativa de deter um processo.

O otimismo de certos analistas de mercado de que o mundo caminhava para uma nova prosperidade econômica ficou enfraquecido com as crises do México, Rússia, Ásia e Brasil na segunda metade da década de 1990. Evidenciou-se que eram bem maiores os obstáculos que levariam ao inevitável caminho rumo à globalização. Os prenúncios de dificuldades apareceram com a emergência dos protestos nas ruas de Seattle em 1999, no ato terrorista de 11 de setembro de 2001, nos escândalos contábeis de corporações norte-americanas em 2002 e na retração do crescimento econômico mundial, com maior gravidade nos países em desenvolvimento já nos primeiros anos do século XXI.

Passada a fase de euforia, foram crescendo os movimentos ativistas antiglobalização. A partir de 1998, em Genebra, Suíça, os protestos

STEFAN ZAKLIN/NEWS AND SPORT-GETTY IMAGES

Manifestação em Washington. Trabalhadores norte-americanos constatam que as empresas em que trabalhavam foram para o México e para a China.

foram sucedendo-se ano a ano: Colônia, Seattle, Washington, Londres, Bolonha, Praga, Davos, Quebec e Porto Alegre. Quase sempre os manifestantes entram em choque (algumas vezes violentos) com a polícia e tem-se a ocorrência de inúmeras prisões.

A grande quantidade de grupos com reivindicações completamente díspares é vista por alguns como ponto fraco do movimento. Outros, pelo contrário, afirmam que isso atesta a mudança dos tempos, do outrora pensamento único dos anos 60 para a multiplicidade de temas, característica de uma sociedade pluralista e democrática. Assim, pode ser considerado como um fator positivo a existência de pessoas que pensam diferente, sendo o movimento antiglobalização um acontecimento político dos tempos modernos, ou seja, encontra adeptos em escala global.

Num mundo em que a imagem da "marca" vale mais do que a própria mercadoria, até os movimentos de contestação ao capitalismo precisam usar as novas tecnologias como a Internet para suas táticas promocionais. Diversos grupos realizam seus atos públicos com o objetivo de chamar a atenção dos meios de comunicação para suas propostas. Alguns termos ou expressões são fundamentais para compreender o movimento:

- **ONGs**: organizações não-governamentais. São grupos assistencialistas, ambientalistas, feministas, sociais, políticos ou defensores de outras causas quaisquer. O número de ONGs cresceu explosivamente depois das conquistas das organizações ambientalistas na Eco-92, no Rio. Existem mais de 30 mil delas em todo o mundo. Estão para o movimento antiglobalização assim como os sindicatos serviam de referência e forneciam militantes para os partidos de esquerda no passado.

• **Ação direta**: tipo de manifestação que privilegia o piquete em relação à passeata. Um exemplo de ação direta é a formação de correntes humanas, com militantes abraçados, para impedir a passagem de autoridades.

• **Corporações**: inimigas número um dos ativistas contra o capitalismo global. Os manifestantes dizem que as multinacionais ficaram mais poderosas do que os governos nacionais: esmagam os pequenos produtores, destroem o ambiente e as tradições locais e estão transformando o mundo num *shopping center*. As vitrines de lojas do McDonald's, da Starbucks e da GAP são alvos prediletos das pedras dos ativistas.

• **Chamado para a ação**: convocações para protestos, feitas por meio de páginas na internet e *e-mails*. Nas grandes manifestações, um ou mais grupos fazem chamado para a ação e centralizam contatos com outras organizações e pessoas interessadas no ato. Um chamado pode gerar manifestações em vários lugares.

• **Um mundo melhor é possível**: é a palavra de ordem predominante no movimento antiglobalização. A frase revela a rejeição pelo atual estado das coisas, ponto de consenso entre os manifestantes. Mas não traz pista de novas propostas, que ainda são motivo de controvérsia entre os ativistas.

(*Folha de S.Paulo*, 22 abr. 2001.)

Como vimos, tratam-se de movimentos alternativos à globalização, que querem reduzir desigualdades entre ricos e pobres e ampliar as possibilidades de autonomia dos povos. Uma das características marcantes desses movimentos é sua diversidade: há sindicalistas preocupados com a redução do emprego e da exploração do trabalho ao lado de ambientalistas apreensivos com a degradação da natureza, anarquistas contrários a todas as formas de regulamentação, pacifistas exigindo o desarmamento das nações, grupos assistencialistas interessados em ajudar países pobres, além de grupos religiosos, estudantes, comunistas, todos irmanados na defesa dos direitos de minorias étnicas, sexuais e religiosas.

Os protestos são dirigidos para organizações internacionais e supranacionais, como o FMI, G-8 (grupo dos sete países mais ricos, mais a Rússia) e a OMC. Segundo o escritor e ativista político Antônio Negri, os movimentos não são necessariamente antiamericanos, como alguns acreditam; voltam-se contra uma estrutura de poder diferente e maior como as corporações transnacionais que, com suas forças, atualmente ditam as regras que regem a economia global. Os manifestantes acusam a atual forma de globalização capitalista de beneficiar apenas uma pequena parcela de favorecidos, relegando à exclusão grande massa dos desamparados do Terceiro Mundo.

Entre esses grupos, destacamos os ambientalistas que lutam contra a comercialização de alimentos geneticamente modificados por multinacionais e para que sejam reduzidas as emissões de gases poluentes causadoras do efeito estufa, reduzindo a camada de ozônio no planeta. Tal acordo de intenção foi rompido pelos Estados Unidos ao não ratificar o chamado Protocolo de Kyoto que estabelece metas de contenção de poluentes.

Em relação aos transgênicos — plantas modificadas em laboratórios nas quais são introduzidos genes de outros organismos que as levam a desenvolver características especiais tornando-as resistentes a herbicidas e a pragas —, há o temor do aparecimento de novas pragas e da impossibilidade de controle de surgimento de novas espécies. Além de ser possível o aumento dos resíduos tóxicos, são ainda desconhecidos seus efeitos no organismo humano a longo prazo. Os setores favoráveis a essa modificação genética afirmam que não foram constatados riscos para a saúde de quem consome esses alimentos e que o seu plantio em grandes áreas pode acabar com a fome no mundo.

As logomarcas globais

As marcas globais exercem grande influência e promovem a homogeneização. As redes de comunicação de massa e a disseminação dos transportes criam um mundo em que as diferentes preferências culturais e os gostos nacionais se diluem. O resultado é um inimaginável crescimento do consumo com mercados globais de produtos padronizados em grande escala. A expansão do mercado mundial fez surgir padrões de comportamento que estão se tornando muito parecidos em qualquer país do mundo, principalmente em meio aos jovens.

Após a queda do Muro de Berlim, em 1989, a década seguinte se mostrou bastante favorável às marcas americanas, cujo vigor financeiro as levava com maior rapidez que suas concorrentes menores a qualquer lugar do mundo. Outro fator atrativo para as marcas dos Estados Unidos era o conceito de liberdade, uma ressonância mágica para aqueles que saíam das limitações do comunismo ou de um capitalismo muito fechado. Era bastante sedutora a idéia de um país onde tudo parecia livre. As pessoas que viviam em mercados outrora fechados estavam ávidas para manifestar liberdade, ostentando em suas vestimentas as marcas americanas. Passada a novidade, houve reação em alguns países, onde os consumidores manifestaram orgulho por sua identidade nacional ao dar preferência aos produtos locais. "A direção dos fluxos culturais estão se multiplicando e se tornando mais complexas, e outras vozes estão começando a ser ouvidas." (*Folha de S.Paulo*, 31/3/03.)

O movimento antiglobalização vem contribuindo para a estigmatização das marcas mundiais por considerá-las determinantes do comportamento dos consumidores. O livro *Sem logo* (em inglês *No logo*), de Naomi Kleym, transformou "marca" em um novo vilão. *Sem logo* afirma que, quanto mais pessoas tomarem conhecimento do subterrâneo das grifes nas periferias do capitalismo, mais isso estimulará uma onda de oposição dirigida particularmente contra as corporações transnacionais mais conhecidas.

Os ativistas radicais não querem se tornar parte de uma massa homogênea carente de opção e alimentada à força com produtos padronizados. Pretendem conscientizar os consumidores para uma mudança de gostos e modas em direção ao étnico e ao autêntico e atrair as pessoas para culturas e produtos exóticos de terras distantes.

Sabemos que muitas pessoas, mesmo morando em regiões remotas do seu país, podem receber, na privacidade de suas casas, as mensagens e imagens das culturas ricas, do Ocidente, através de televisores ou rádios portáteis, capazes de conectá-las à "aldeia global" das novas redes de comunicação. A juventude é particularmente atingida por estar a par das novidades do mundo da mercadoria e por ser o principal alvo das campanhas publicitárias. Com o ritmo veloz no qual a sociedade contemporânea está mergulhada, as tecnologias da informação encolhem o espaço e fazem com que muitos almejem usufruir das benesses do capitalismo. O sociólogo jamaicano, radicado na Inglaterra, Stuart Hall resume bem o que vem ocorrendo no mundo:

> A interdependência global agora atua em ambos os sentidos. O movimento para fora (de mercadorias, de imagens, de estilos ocidentais e de identidades consumistas) tem uma correspondência global num enorme movimento de pessoas das periferias para o centro, num dos períodos mais longos e sustentados de migração "não-planejada" da história recente. Impulsionadas pela pobreza, pelo subdesenvolvimento econômico e por colheitas fracassadas, pela guerra civil e pelos distúrbios políticos, pelo conflito regional e pelas mudanças arbitrárias de regimes políticos, pela dívida externa acumulada de seus governos para com os bancos ocidentais, as pessoas mais pobres do globo, em grande número, acabam por acreditar na "mensagem" do consumismo global e se mudam para os locais de onde vêm os "bens" e onde as chances de sobrevivência são maiores. Na era das comunicações globais, o Ocidente está situado apenas à distância de uma passagem aérea.
>
> (Stuart Hall, *Identidades culturais na pós-modernidade*.)

Muitas vezes os habitantes dos países do Terceiro Mundo, encantados, ostentam em suas vestimentas o logotipo de uma cobiçada marca americana famosa. Ao mesmo tempo, porém, parece conviver nas pessoas um misto de inveja e ressentimento pela invasão cultural norte-americana.

2003 WATTERSON/DRAT. BY ATLANTIC SYNDICATION

Os ativistas dos tempos atuais podem ser criticados pela radicalização na defesa de suas idéias e de suas intenções, muitas vezes recorrendo à violência e recusando o diálogo, mas deve-se reconhecer que esse trabalho já rendeu algumas providências positivas. Dois terços da dívida de vários países pobres foram perdoados. O Banco Interamericano de Desenvolvimento (BID) está deixando de financiar projetos faraônicos, ou seja, grandes obras, ou projetos que causem desmatamento e aquecimento global. Parte do dinheiro deve ser destinada para à aplicação em saúde, educação e nutrição.

No Brasil um dos alvos dos ataques dos ativistas é a Alca — proposta de integração comercial de todos os países das Américas.

Alca (Área de Livre Comércio das Américas)

O objetivo declarado da Alca é a liberalização total das regras do comércio nas três Américas. Com a criação de um mercado amplo, as importações e exportações serão feitas sem cobrança de tarifas. O receio é que uma enorme concorrência se estabeleceria entre os continentes, com o livre comércio podendo levar à falência inúmeras empresas não-competitivas, enquanto suas concorrentes prosperariam em outros países. Nas discussões da Alca, estão em jogo milhões de empregos na agricultura e na indústria das Américas. Isso poderá gerar uma onda de desemprego em alguns lugares e expansão do mercado de trabalho em outros.

A grande dúvida é quais países vão ganhar e quais vão perder esse campo de emprego. O empenho dos Estados Unidos em promover o acordo de integração comercial indica que os americanos esperam tirar vantagem dele, uma vez que estão muito mais capacitados a conseguir seu objetivo do que os demais países. Com a redução de tarifas comerciais, o mercado brasileiro ficaria muito mais vulnerável à "invasão" estrangeira do que o americano, que já é aberto.

Atualmente, o protecionismo americano se faz mediante subsídio agrícola e aumento de impostos aplicados sobre a importação de alguns produtos que o país considera prejudicial a seu mercado interno. Suco de laranja, tabaco, açúcar, soja, aço, têxteis e calçados são alguns exemplos. Os americanos fazem isso para proteger seus produtores ineficientes, que não modernizaram seus métodos e processos produtivos.

WILTON JUNIOR/AE

Manifestação contra a Alca em frente ao Consulado dos Estados Unidos, no Rio de Janeiro.

3. Da antiga à nova ordem global

Com o fim da Segunda Guerra Mundial, em 1945, surge um mundo polarizado entre Estados Unidos e União Soviética. É a chamada Guerra Fria, muito embora as duas potências nunca tenham se enfrentado diretamente. Um rígido controle obrigava os demais países a optarem por um dos pólos. A burocratização de uma economia fechada levou o comunismo a se render ao livre mercado capitalista. Os Estados Unidos saíram revigorados.

Enquanto os EUA e as outras economias capitalistas viviam a 'grande depressão', a URSS passou incólume pela crise, o que causou profunda impressão nos políticos. O modelo de mercado completamente livre, agora tão popular, foi reconhecido como inadequado. Portanto, a reforma do capitalismo, nos primeiros anos da Guerra Fria, ocorreu, em parte, por causa do perigo representado pelo comunismo.

Um dos perigos hoje é que não há força alternativa que possa fazer o capitalismo se reformar.

(Eric Hobsbawm, *Folha de S.Paulo*, 30 jul. 1995.)

Tem razão o historiador inglês Eric Hobsbawm, pois, na década de 1960, se nos perguntássemos como seria o futuro, muitos imaginariam o mundo como uma grande União Soviética. O progresso do socialismo parecia inegável e nada aparentava impedir o seu avanço. A Rússia, estremecida pela revolução de 1917, devastada na Segunda Guerra Mundial e capaz de se reerguer novamente, apresentava um crescimento econômico aparentemente sem crises. Mas, em 1989, num curto espaço de tempo, ocorreram profundas alterações no cenário mundial. Com o desmoronamento do bloco soviético formado pelos países comunistas surgidos no pós-guerra, toda a Europa Oriental sofreu grandes transformações. No dia 9 de novembro de 1989, deu-se o passo inicial para a queda do Muro de Berlim, que separava geograficamente a cidade alemã em duas partes: uma capitalista e outra comunista.

Entre 1989 e 1991, o mapa-múndi sofreu profundas alterações. Redefiniram-se diversas fronteiras, com o fim ou a independência de vários países ou Estados-nações. Em 25 de dezembro de 1991 é descerrada a bandeira da URSS, marcando o fim da União das Repúblicas Socialistas Soviéticas.

No período da Guerra Fria, entre 1945 e 1989, já em direção ao processo de globalização, tinha-se a visão de um mundo construído de forma bipolarizada e em constante conflito. O capitalismo e o socialismo eram contrapostos em termos de “mundo livre” e “mundo totalitário”, “democracia” e “comunismo”, “sociedade aberta” e “sociedade fechada”, “império do bem” e “império do mal”.

Essa ordem internacional bipolar, em vigência por quase cinco décadas, ruiu com a queda do Muro de Berlim, espécie de símbolo da “cortina de ferro” que separava as duas Europas e os dois “blocos”, o capitalista e o socialista. Entre 1989 e 1991, a ordem bipolar dava passagem para uma nova ordem, multipolar.

Essa nova ordem multipolar tem como características principais o fim da Guerra Fria, o acirramento da guerra econômica entre empresas multinacionais e países, além da formação de grandes blocos econômicos regionais como Mercosul, Nafta e União Européia.

Embora com diferentes níveis de intensidade, os países de regime socialista buscaram aproximação com a economia de mercado capitalista, abolindo, no todo ou em parte, os planos econômicos centralizados pelo Estado; a propriedade privada foi ativada; o mercado de capitais passou a atuar amplamente e privatizou-se grande número de empresas estatais. Houve também o abandono do sistema de partido único, no caso o comunista, que antes detinha a primazia do poder nesses países. Em alguns, o Partido Comunista desapareceu ou se reestruturou para disputar as eleições com inúmeros outros que surgiram.

A forte oposição ideológica entre capitalismo norte-americano e socialismo russo cedeu lugar à disputa econômica entre Estados Unidos, Japão e Europa Ocidental.

Para a maioria dos estudiosos, as mudanças expressam a emergência de uma nova ordem mundial. É certo que sempre ocorreram mudanças no cenário internacional e no próprio mapa-múndi; no entanto, as profundas transformações ocorridas a partir de 1989 não constituíram fatos isolados, mas sim parte de um rearranjo na ordem internacional.

A velha ordem: a polarização do mundo

A atual ordem mundial foi sendo preparada pelos próprios acontecimentos históricos que, desde o início do século, criaram um mundo polarizado. O processo tem como marco mais visível o ano de 1917, data do triunfo da Revolução Bolchevique na Rússia.

Com a Revolução Russa, iniciou-se uma nova forma de organização estatal e social que se colocava como alternativa ao capitalismo. Depois dela, ocorreu a expansão do socialismo por diversos países do globo e uma proporcional redução do espaço capitalista. O capitalismo norte-americano reagiu, combatendo a chamada "ameaça comunista".

Estátua de 1937. A construção de uma sociedade supostamente requeria a igualdade entre os sexos no campo da produção.

Em pouco menos de trinta anos, contudo, os conflitos se acirraram. E o mundo que surgiu da Segunda Guerra tinha pouca semelhança com o cenário precedente. Além da emergência das duas grandes potências rivais — Estados Unidos e União Soviética —, verificou-se o declínio das potências européias, como a Inglaterra. Acirrou-se o conflito Leste-Oeste com a oposição ideológica centrada nos dois modelos rivais de conceber a sociedade: o capitalismo e o socialismo. A Europa foi dividida em duas grandes zonas. A Ocidental, alinhada com os Estados Unidos, compunha-se de países como Inglaterra, França, Alemanha Ocidental e Itália; e a Oriental, alinhada com a União Soviética, reunia países como Polônia, Tchecoslováquia, Alemanha Oriental e Iugoslávia.

Nesse cenário assistia-se à emergência dos Estados Unidos como a nova potência capitalista hegemônica, com investimentos e interesses comerciais em todas as partes do globo. As empresas multinacionais americanas logo se espalharam por todo o mundo capitalista, inclusive em áreas periféricas, como o Brasil.

Os Estados Unidos se encarregaram do papel de guardião da ordem capitalista internacional, mantendo suas tropas, bases e navios em praticamente todos os continentes. O capitalismo, ou a economia de mercado, precisava de bases seguras para conter a expansão socialista.

Principal base de um dos pólos da ordem, os Estados Unidos conquistaram enorme poder, tanto político-militar como econômico — até os anos 50, os Estados Unidos tinham um Produto Nacional Bruto (PNB) cujo volume era equivalente ao de todos os demais países capitalistas desenvolvidos juntos. No outro pólo, a União Soviética tornou-se a segunda economia do mundo, durante várias décadas.

No que diz respeito ao poderio militar, a situação foi ainda mais espetacular, com as duas superpotências exercendo sua disputa pela hegemonia na capacidade de destruição do inimigo e, caso houvesse um confronto nuclear, na ameaça à vida no mundo.

A rígida disciplina política imposta pelas duas superpotências tornava muito difícil a alguma nação escapar de uma órbita de influência. O mundo capitalista convivia com o "perigo" comunista e, como defesa contra ele, crescia o poderio militar dos Estados Unidos. O mundo socialista, por sua vez, protegia-se do "imperialismo norte-americano" e contra ele se armava.

Reconstrução no pós-guerra

A progressiva deterioração das relações entre as potências ocidentais e a União Soviética ocorrerá nos meses seguintes ao término da Segunda Guerra Mundial. Aumentaram as divergências em relação ao grau de influência soviética sobre os novos regimes políticos, já presentes desde o final da guerra.

A Doutrina Truman, estabelecida em 1947 pelo presidente americano Harry Truman, foi o marco inicial da Guerra Fria. Ela partia do princípio de que a União Soviética agia de modo expansionista e, por isso, precisava ser contida. Os norte-americanos se viam como responsáveis pela iniciativa de organizar a "contenção" do avanço soviético, estabelecendo estratégias de sustentação política, econômica e militar aos Estados europeus capitalistas. A Doutrina Truman era acompanhada pelo Plano Marshall, que propunha a liberação de vultosos créditos financeiros com a finalidade de reconstruir as economias capitalistas européias devastadas pela guerra. Em 1951, o Japão também aderiu a essa ajuda econômica.

A intenção aparente da Doutrina e dos planos econômicos era criar áreas de prosperidade, evitando que pobreza e desigualdades sociais muito flagrantes propiciassem solo fértil para o sucesso na implantação do modelo socialista. Em outras palavras, era preciso conter o avanço das idéias anticapitalistas.

A criação da Organização dos Estados Americanos (OEA), em 1948, já era resultado da política de "contenção" do expansionismo soviético no interior do continente americano. Ergueu-se uma "fortaleza americana" contra a influência comunista, formando-se uma rede de alianças firmada com a colaboração das Forças Armadas dos países-membros da Organização.

A Doutrina de Segurança Nacional, desenvolvida nos Estados Unidos como mecanismo de defesa do país contra a agressão estrangeira, teve resposta no ambiente político da América Latina. O inimigo visado era o "comunismo internacional", que agia internamente em cada país por meio das correntes políticas de esquerda infiltradas em sindicatos, atos públicos, manifestações artísticas, culturais etc. As elites dominantes dos países latino-americanos foram profundamente influenciadas por essa ideologia anticomunista.

As relações internacionais estavam de tal maneira controladas pelos dois pólos que era muito difícil algum país escapar da "zona de influência" de uma das superpotências. No entanto, por toda a parte do mundo havia também manifestações populares de diferentes graus de intensidade contestando esse esquema. A história do Brasil no pós-guerra está marcada por esses fatos.

AGÊNCIA AJB

Presos políticos deportados em 1969 e cuja cena foi posteriormente retratada no filme *O que é isso, companheiro?* Episódio que pode ser inserido no contexto da Guerra Fria em um dos momentos mais dramáticos da política brasileira.

Na América Latina, a atuação norte-americana no período da Guerra Fria foi agressiva e intervencionista. Com o temor provocado pela Revolução Cubana em 1959, a partir do anos 60 as estratégias dos Estados Unidos foram no sentido de dar apoio às ditaduras militares implantadas na América do Sul seguidoras da doutrina da "Segurança Nacional". Nessa linha, a diplomacia de Washington deu apoio aos golpes militares ocorridos no Brasil em 1964, na Bolívia em 1971, no Chile em 1973, e na Argentina e no Uruguai em 1976.

A Guerra Fria

A Guerra Fria é a expressão mais clara da polarização mundial. Consistiu numa acirrada disputa entre Estados Unidos e União Soviética sem que se travasse um confronto direto entre as duas nações. Como uma espécie de prolongamento não-declarado da Segunda Guerra Mundial, a "batalha" era travada por meio de uma insana corrida armamentista, com intervenção em outras áreas do globo, com a corrida espacial e até mesmo com as disputas esportivas.

Os Estados Unidos atuavam como representante do mundo capitalista, livre, identificado de forma ideológica com a democracia moderna ou representativa. Do outro lado, havia o socialismo, acusado de cercear a liberdade numa sociedade fechada e totalitária.

Na guerra ideológica, a União Soviética proclamava o seu papel de defensora da igualdade social, combatendo, para tanto, o imperialismo capitalista representado pelos Estados Unidos.

Durante o período da Guerra Fria (1945-1989), cada superpotência tinha a sua "área de influência", com intensa disputa também por regiões do Terceiro Mundo.

Depois de 1945 ocorreram no mundo cerca de 125 guerras. A maioria desses conflitos foi travada nos países subdesenvolvidos e, em grande parte, manipulada em diferentes graus pelas duas superpotências. Quando um lado apoiava o governo, o oponente fornecia armamentos e estratégias militares para grupos guerrilheiros que o combatiam. As duas grandes potências nunca se enfrentaram diretamente, mas deixaram suas influências na ajuda militar a países que acabaram por se dividir, como Coréia do Sul, Coréia do Norte, Vietnã do Sul, Vietnã do Norte e muitos outros.

A ocorrência dessas guerras servia também para que cada superpotência pudesse testar ou vender armas, num lucrativo comércio. Paupérrimos países do Terceiro Mundo gastavam seus parcos recursos em armas, mantendo intactas as desigualdades sociais ou, devido a isso, agravando o problema da pobreza interna.

A Guerra Fria serviu também para tentar impedir o surgimento de modelos alternativos de sociedade que não seguissem à risca as duas superpotências. Qualquer dissidência, como a ocorrida em 1968 na Tchecoslováquia — com a invasão de Praga —, era considerada antissocialista pela Rússia; qualquer oposição na periferia capitalista, como no Brasil do governo João Goulart, em 1964, era logo tachada de interferência comunista no "quintal" dos Estados Unidos.

A corrida armamentista desencadeada pela Guerra Fria canalizou enormes riquezas para gastos militares. Os estudiosos alertavam que parte da capacidade destrutiva dos dois pólos antagônicos seria suficiente para exterminar toda a vida na Terra. O cobiçado comércio mundial de armas, tanques e aviões chegou a ser o mais importante do mundo, ultrapassando em valor até mesmo o do petróleo. Os produtos bélicos tiveram grande peso na balança de exportação até de países como o Brasil.

Economia planificada e de mercado

A oposição entre socialismo e capitalismo significou também a diferenciação entre dois tipos de economia: a planificada e a de mercado.

Diferentemente da economia de mercado (capitalista), que valoriza a propriedade privada e a livre empresa, a economia de planejamento estatal (socialista) requer a estatização dos meios de produção (fábricas, propriedades rurais, bancos etc.). A economia soviética funcionava principalmente com base nos planos de metas estabelecidos de cinco em cinco anos. Desvirtuando-se em relação aos ideais socialistas, transformou-se em uma economia centralizada, cujos planos eram elaborados pelos tecnocratas do Partido Comunista. Estes detinham o monopólio do poder e decidiam de antemão o que e quanto cada fábrica iria produzir, desde a quantidade de caixões, o número de livros a ser editado ou de filmes a ser rodados até o envio de toneladas de ferro a serem transportadas de um local para outro.

Embora durante décadas as economias planificadas socialistas tivessem criado a imagem de crescimento ininterrupto e de ausência de crises de estagnação ou recessão, muitos eram os seus problemas reais. A ineficiência burocrática e a centralização das decisões foram alguns de seus principais problemas. A maior preocupação dos burocratas era "cumprir as metas estabelecidas" no plano, mesmo que para isso tivessem de recorrer a estatísticas não-confiáveis.

A ausência de iniciativa e de criatividade dominava a produção, até entre os trabalhadores, cujo ritmo de trabalho tornava-se cada vez mais lento, com freqüentes paralisações. Mesmo assim, a planificação da economia funcionou relativamente bem até os anos 60, quando a chamada Segunda Revolução Industrial estava ainda em vigência, com ênfase nos setores petroquímico, siderúrgico e metalúrgico. Tratava-se de um sistema industrial que, no dizer do historiador Eric Hobsbawm, era "algo arcaico, baseado em ferro e fumaça". Quando, porém, a partir dos anos 70, cresce a tecnologia avançada, com a informática, as telecomunicações, a biotecnologia, a química fina etc., a economia planificada dos regimes comunistas mostrou-se incapaz de acompanhar a modernização.

O desenvolvimento desigual

A invasão russa no Afeganistão em 1978 coincidiu com a decisão norte-americana de desenvolver uma nova geração de foguetes nucleares como estratégia de defesa na Europa Ocidental. O ideário da corrente conservadora, que ganhava força nos Estados Unidos com a eleição do presidente Ronald Reagan na década de 1980, há muito havia incluído como ponto fundamental o combate ao comunismo internacional. Diante de uma excitada opinião pública, a missão era estabelecer um combate contra o "império do mal" representado pela Rússia.

Apesar disso, segundo o geógrafo José William Vesentini, em *A nova ordem mundial*, nas décadas de 1970 e 1980, "enquanto o ritmo de crescimento anual dos Estados Unidos era de 0,5% e o da União Soviética

Demonstração do poder militar soviético. Parada militar na Praça Vermelha, Moscou, 1963.

era praticamente nulo (com exceção do setor militar), esse ritmo era de 7% ou 9% no Japão e na Alemanha".

Os gigantescos gastos no setor militar foram uma das razões pelas quais os Estados Unidos e a União Soviética tiveram um ritmo de crescimento econômico bem inferior nas décadas de 1970 e 1980, se comparado ao do Japão ou da Alemanha Ocidental, China ou Itália, países que pouco gastaram com o militarismo.

Nestas últimas décadas, as duas superpotências não mantiveram o mesmo poder. Antes mesmo da crise do mundo socialista, a liderança econômica dos Estados Unidos no mundo capitalista viu-se ameaçada pelos japoneses. Mas o declínio norte-americano foi bem menor do que o alardeado. O país conseguiu acompanhar o avanço tecnológico das últimas décadas, ao contrário do que ocorreu com a União Soviética, que por décadas deu prioridade ao setor militar.

Mesmo assim, até por volta de 1991, em período de paz, segundo J. W. Vesentini, "os Estados Unidos e a União Soviética tinham cada um cerca de

500 mil soldados estacionados em bases e instalações militares fora do país". Todos esses gastos militares poderiam ser considerados improdutivos.

Além disso, a posição de liderança geopolítica de cada superpotência em sua zona de influência obrigava-as a fazer alianças, dar ajudas e firmar acordos muitas vezes prejudiciais a longo prazo. A Rússia comprava açúcar de Cuba a preços de mercado em troca da venda de petróleo a preço subsidiado. Os Estados Unidos faziam vista grossa à política protecionista do Japão com o interesse de fortalecer o capitalismo na Ásia.

A *perestroika*

Depois da Segunda Guerra Mundial, a economia soviética priorizou o desenvolvimento da indústria de armamentos, concentrando nela grande parte de seus recursos humanos e financeiros. Houve também expressiva concentração de esforços em indústrias tradicionais como a siderurgia, por exemplo, sem dar atenção à preferência do consumidor.

A partir da década de 1970, a insatisfação interna aumentava, diante das constantes filas para conseguir produtos básicos. Os russos foram capazes de enviar cosmonautas à Lua, mas não conseguiam fabricar computadores, TVs, automóveis ou simples liquidificadores com padrões de eficiência e produtividade.

O regime socialista atuava mediante o monopólio do poder por um partido que cada vez mais se burocratizava e do asfixiamento da sociedade por um Estado controlador.

Alguns cientistas políticos relacionam o fim do comunismo com o crescimento dos meios de comunicação de massa, que oferecem maior dificuldade de manipulação da opinião pública por um único centro autoritário.

É o que sustenta o filósofo francês Regis Debray, que na juventude fora simpatizante da guerrilha comandada por Che Guevara em Cuba e nas montanhas da Bolívia na década de 1960. Para Debray, a explosão comunicativa das imagens televisivas e as ondas de rádio deram, entre outros efeitos, o atestado de óbito ao comunismo. Morte causada mais pela carência de imagens vendedoras de ilusões do que pela pobreza das idéias. Para o filósofo, no campo cultural, "o que cortou as pernas do comunismo foi a obsolescência de suas usinas de sonhos, não competitivas com Hollywood", com seus filmes, novelas, videoclipes, *rock'n'roll* e cultura pop. Incapacitados de suprir de mercadorias as prateleiras, os comunistas ainda se apegavam às velhas palavras de ordem coletivistas para manter acesas as esperanças. "Assim" — sustenta o filósofo —, "impossibilitados de controlar as transmissões de TV do lado ocidental, os dirigentes da Alemanha Oriental viam a população imigrar pelos olhos todas as noites. Os pés terminaram seguindo". A ilusão comprovava que viver é mais do que sobreviver.

Com críticas ao estilo de vida norte-americano, ou seja, à sociedade de consumo, o Estado russo, em vez de desenvolver técnicas para melhorar o padrão de vida dos cidadãos que trabalhavam na tentativa de construir o socialismo, dirigia todos os seus esforços para a proteção militar dos países socialistas. Não é casual que a crise que veio à tona nos anos 80 tenha impulsionado as reformas políticas e econômicas.

A política desenvolvida por Mikhail Gorbatchov, conhecida como *perestroika* (reestruturação), buscou suprir a falta de bens e serviços, como roupas e alimentos, por exemplo, incentivando e modernizando a economia civil estagnada e defasada tecnologicamente. Era necessário tirar recursos do setor militar e, para que isso fosse possível, a meta da política externa seria buscar acordos com os Estados Unidos para limitar a corrida armamentista ou cessar a Guerra Fria.

Com referência à política interna, a preocupação foi no sentido de implementar a modernização da sociedade, por meio de uma gradual introdução da economia de mercado no lugar da planificação centralizada. Esse processo seria acompanhado da abertura política, chamada de *glasnost* (transparência).

A decomposição da União Soviética, seguida da morte da *perestroika* e da redução dos gastos militares, leva os líderes soviéticos a não ajudar, em 1989, seus países aliados, em crise no Leste Europeu. A queda dos governos comunistas em diversos países e a derrubada do Muro de Berlim resultaram em profundas transformações que abalaram a própria União Soviética e, em 1991, culminaram com o acirramento das rivalidades entre os civis — que desejavam dar prosseguimento à *perestroika* — e determinados setores do exército de linha dura, que queriam voltar atrás.

Após a dissolução da União Soviética, a Rússia e os demais países do Leste Europeu se envolveram em conflitos internos, como as disputas de nacionalidades culminando em movimentos separatistas entre os diversos povos que integravam esses países. Exemplo do ódio acumulado foi a luta em nome da pureza étnica, cujo resultado posterior foi a desagregação da Iugoslávia com a terrível guerra de extermínio entre os povos que formavam o país: sérvios, croatas, bósnios, além de macedônios e eslovenos.

Como resultado desse quadro político, houve crescente expansão do mercado mundial, com uma corrida entre as grandes empresas multinacionais para ampliar suas posições. Isso fez com que a Guerra Fria se deslocasse do campo militar para o campo tecnológico. O poder não era mais formado pelos soldados do exército, mas pelos milhares de funcionários das grandes empresas multinacionais espalhadas pelo mundo. Passava a mandar mais quem detinha o poder sobre as novas tecnologias.

O Terceiro Mundo

O fim da Guerra Fria não eliminou as tensões internacionais. Polarizou-se a divisão entre países ricos e países pobres, ou entre Primeiro Mundo, o "Norte", e Terceiro Mundo, o "Sul".

Além disso, também aumentou a distância que separa as nações de economia avançada, do hemisfério Norte, das dos países menos desenvolvidos, do hemisfério Sul. É cada vez mais gritante a desigualdade entre os níveis de desenvolvimento humano dos países mais avançados economicamente e o restante do globo.

Conforme classificação de Demétrio Magnoli, em *O novo mapa do mundo*, na velha ordem o Primeiro Mundo compunha o grupo de países que, tendo atingido a etapa da Segunda Revolução Industrial, dispunha de um desenvolvido parque industrial. "Englobava, na Europa, na América do Norte e no Pacífico, os aliados políticos dos Estados Unidos — potência líder do Ocidente."

O Segundo Mundo, socialista, compreendia a União Soviética e os países alinhados "que optaram pela modernização industrial acelerada", com base na economia planificada.

O Terceiro Mundo englobava os países subdesenvolvidos "que não acompanharam a arrancada industrial e cuja economia dependia da produção de bens primários agrominerais. Em contraste com os países industrializados, apresentava fraca urbanização, concentração demográfica no meio rural, elevado crescimento populacional e alarmantes índices de pobreza".

Na nova era global, reduziu-se a importância das matérias-primas e de fontes de energia, passando a predominar a tecnologia de ponta. Os países avançados detêm cerca de dois terços do comércio internacional de produtos de alta tecnologia, enquanto os países pobres, que dependem do comércio de matéria-prima e energia, têm seus preços declinantes nesses mercados. A batalha futura está na inserção ou não desses países no processo global.

Por sua vez, tornou-se um grande atrativo para as empresas multinacionais se instalarem em determinados países do Terceiro Mundo, como Brasil, México, Argentina, Chile, África do Sul e outros. Há inúmeras vantagens nesses países, como o baixo custo da mão-de-obra e a formação de mercados internos consumidores de bens duráveis, sem falar nos incentivos fiscais concedidos pelo governo federal, estados e municípios.

O fim da história

Em 1989, o cientista político norte-americano Francis Fukuyama criou uma polêmica ao afirmar o "fim da história", fundamentado na idéia de que a humanidade teria conquistado seu estágio mais elevado, superando seus problemas e conflitos sociais e econômicos. Apesar dos problemas ainda presentes, e mesmo de outros que poderiam surgir, a humanidade estaria entrando em uma época de realização do progresso.

Criou-se a ilusão de que a época conturbada do capitalismo alcançara seu limite e chegara ao fim a história concebida como processo de luta política e econômica. Imaginou-se que, no final do século XX, a humanidade atingiria o ápice de sua evolução ideológica com o triunfo da "democracia liberal ocidental" sobre todos os seus concorrentes, como o nazismo, o fascismo e o comunismo. Esse último teria se rendido ao sistema capitalista. A história teria completado seu ciclo e tudo o que restou foram as batidas de seu motor em ponto morto.

No entanto, contrariando as teses de Fukuyama, alguns críticos insistiram em que o capitalismo triunfara no tocante à sua pura e simples capacidade de produzir, mas perdera na questão da igualdade social. A economia de mercado prevalecera, em especial a partir do final dos anos 80, não exatamente por seus méritos e avanços, mas principalmente pelas graves insuficiências da economia socialista planificada. A economia de mercado se mostrava mais flexível às mudanças e com maior capacidade de sobrevivência.

Com a queda do Muro de Berlim e o fim do socialismo real (termo empregado para se contrapor ao socialismo ideal proposto por Marx e Engels, dentre outros) na ex-União Soviética e em outros países, difundiram-se a crença da vitória definitiva do "poder do mercado" e o fracasso do intervencionismo estatal. Veremos que tais acontecimentos fortaleceram, no aspecto ideológico, a hegemonia do pensamento neoliberal.

Choque de civilizações?

Em 1993, o artigo "Choque de civilizações" do professor Samuel Huntington, da Universidade Harvard, causou impacto junto a estudiosos e estrategistas da política externa norte-americana. Nele o autor anunciava o que poderia ocorrer na nova ordem global pós-Guerra Fria.

> A idéia que proponho é que a fonte fundamental de conflitos neste mundo não será de natureza principalmente ideológica, nem econômica. As grandes divisões entre a humanidade e a fonte predominante de conflito serão culturais. Os Estados-nação

continuarão a ser os atores mais poderosos nos assuntos mundiais, mas os principais conflitos da política global vão se dar entre países e grupos que fazem parte de civilizações distintas. O choque de civilizações vai dominar a política mundial. As linhas divisórias entre as civilizações formarão as frentes de batalha do futuro.

(Samuel Huntington, citado por Edward Said, *Folha de S.Paulo*, 17 out. 2003.)

O conflito global não mais seria entre comunismo e capitalismo mas entre as distintas civilizações do globo, com destaque para o choque entre islamismo (religião seguida pelos muçulmanos) e o Ocidente. Os ataques terroristas ocorridos durante a década de 1990 e o de 11 de setembro de 2001, nos Estados Unidos, liderados por Bin Laden, reforçaram as previsões do autor e deram um novo rumo à política externa norte-americana.

Em lugar de aproximar as diferentes culturas, a globalização e a modernização acirram atritos. No Islã, modernizar equivale à perda de identidade cultural e religiosa, e não há, em nem um momento histórico, separação entre política e religião. A América do Norte e seus aliados são o símbolo mundial moderno do paganismo. A cultura ocidental como um todo, além de ser acusada de belicista, é vista por parte dos islâmicos como um mundo de perdição materialista e ateu.

A política americana de invasão ao Iraque para depor Saddan Hussein, no início de 2003, pretendia praticar "intervenções cirúrgicas", deixando claro que tal medida preventiva poderá ocorrer toda vez que os Estados Unidos se sentirem ameaçados por um país inimigo. Trata-se agora de impor um processo civilizatório introduzindo a "democracia" em um mundo hostil aos Estados Unidos. Os críticos dessa abordagem de política internacional afirmam que se trata de uma visão simplificada e polarizada do mundo. É importante lembrar que o mundo islâmico é tão heterogêneo quanto o ocidental.

4. A onda neoliberal

O liberalismo do século XVIII sofreu abalos com a emergência da economia planificada socialista e com a crise da Bolsa de Valores de 1929. Foi necessária maior intervenção do Estado (keynesianismo) para conter o desemprego e a crise econômica. O antigo liberalismo retornou com mais vigor na forma neoliberal. Passou-se de "todo poder ao Estado" para "todo poder ao mercado".

O neoliberalismo dos tempos da globalização do capitalismo retoma e desenvolve os princípios que se haviam formulado e posto em prática com o liberalismo ou a doutrina da mão invisível, a partir do século XVIII. Mas o que distingue o neoliberalismo pode ser o fato de que ele diz respeito à vigência e generalização das forças do mercado capitalista em âmbito global.

(Octávio Ianni. *Teorias da globalização*.)

O neoliberalismo como fenômeno distinto do liberalismo clássico do século XIX surgiu logo depois da Segunda Guerra Mundial, na Europa e nos Estados Unidos, onde o capitalismo era hegemônico.

Representou uma forte reação teórica e política contra o Estado intervencionista, chamado também de Estado do Bem-Estar Social ou Estado-previdência (*Welfare State*).

Segundo o sociólogo Octávio Ianni, enquanto o liberalismo se enquadrava no princípio da soberania nacional, ou ao menos tomava-o como princípio, o neoliberalismo desloca as possibilidades de soberania para as organizações, corporações e outras entidades de âmbito global.

Vejamos primeiramente os princípios liberais. Para estes, a maioria dos problemas econômicos e sociais decorre da intervenção do Estado na economia ao pretender regulamentar preços, salários, trocas comerciais etc. O correto seria deixar que os mecanismos econômicos "naturais" funcionassem. A economia tenderia a se organizar por si mesma, para o bem de todos. O único papel reservado ao Estado seria o de proteger a propriedade privada e a liberdade dos cidadãos.

Uma das obras básicas do liberalismo é *A riqueza das nações*, de Adam Smith (1723-1790), publicada em 1774, que analisa, por exemplo, as oscilações dos preços. O preço de mercado de um produto depende da lei da oferta e da procura. Se um produto é abundante e a oferta é maior que a procura, seu preço de mercado tende a cair. Por sua vez, se um produto é escasso, cuja oferta é menor que a procura, seu preço de mercado tende a subir. Assim, o preço de mercado tende sempre a se aproximar do preço "natural". Os salários dos trabalhadores também estão submetidos a esse regime "natural". Existiria, portanto, o que se chamava a "mão invisível" do mercado, que se encarregaria de equilibrar as disparidades sem a intervenção do Estado que, diga-se de passagem, apenas atrapalharia tal equilíbrio natural.

O liberalismo econômico, que se enraíza no século XIX, é o fundamento da filosofia do capitalismo industrial.

Os resultados do princípio liberal não se concretizaram como o prometido, por não ter sido capaz de sustentar o crescimento econômico sem grandes crises nem de garantir a justiça social.

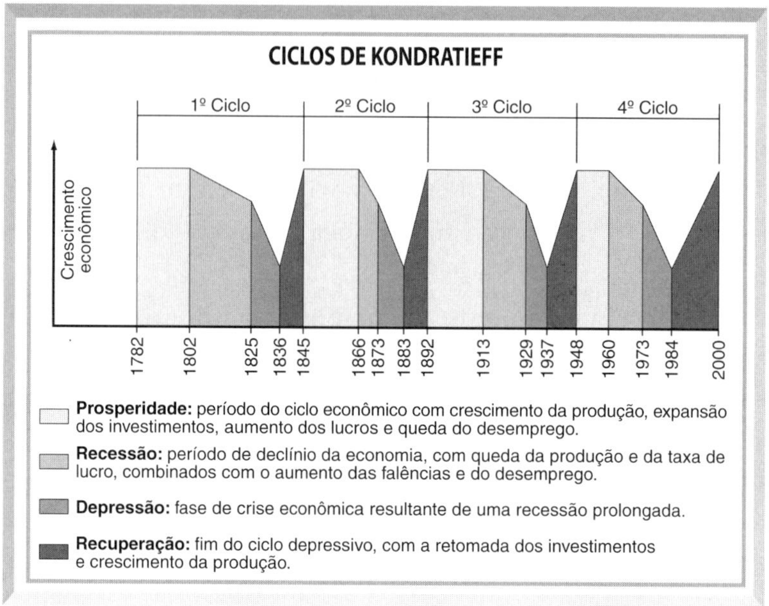

Fonte: Cláudio Vicentino, Reinaldo Scalzaretto. *Cenário Mundial — A Nova Ordem Internacional*, Scipione, São Paulo, 1994 (adaptado).

Controlando as crises

No início do século XX, o economista russo Nikolai Kondratieff afirmou que o capitalismo se caracterizava por flutuações cíclicas de expansão e contração econômica, com duração aproximada de quarenta a sessenta anos. As oscilações da economia capitalista, que passa pelas etapas de prosperidade, recessão, depressão e recuperação, ficaram conhecidas como *ciclo de Kondratieff*.

Com a Revolução Russa em 1917, trazendo consigo a "ameaça comunista", e com a Grande Depressão de 1929, uma das crises cíclicas do capitalismo, difundiu-se nas massas o sentimento anticapitalista. O fracasso liberal obrigou a uma mudança de rumo da economia em direção à intervenção estatal no processo da concorrência, a fim de impedir as suas conseqüências negativas.

Em 1936, o economista inglês John Maynard Keynes publica sua *Teoria geral do emprego, do lucro e da moeda*, defendendo que, para solucionar a crise do capitalismo depois da Grande Depressão de 1929, o Estado deveria assumir a intervenção na economia e garantir, por meio de investimentos públicos, áreas como transporte, saúde, seguro social, educação, habitação, entre outras. Para ele, essa seria a única forma de evitar o surgimento de crises cíclicas no capitalismo.

O Estado do Bem-Estar Social, que surgiu por volta da segunda década do século XX e predominou até a década de 1970, serviu como uma rede de proteção social contra os rigores e excessos da competição concorrencial. O consenso reinante na época falava da incapacidade de a política liberal dar conta das graves questões sociais.

O dinheiro arrecadado pelo Estado vem dos impostos recolhidos das empresas, dos operários, dos empréstimos, da emissão de moeda e do lucro das próprias empresas estatais. O Estado do Bem-Estar Social, no entanto, ao se converter no centro da ordem econômica e social, viu-se obrigado a gastar muito além de um orçamento não-inflacionário. Seus gastos não poderiam equilibrar-se. Assim, a crise do keynesianismo a partir dos anos 70 pode ser resumida na sua incapacidade de solucionar a coexistência de inflação elevada com o baixo crescimento da produção e o aumento dos índices de desemprego.

BETTMANN/CORBIS-STOCK PHOTOS

Nova York, 1930. Desempregados da Grande Depressão aguardam na fila a distribuição de senha para sopa.

No tempo de Keynes, o estímulo do Estado às atividades econômicas com investimentos diretos, créditos ou subsídios era suficiente para que aumentasse a taxa de empregos. Os fatos comprovavam essa política: quando a economia crescia, o nível de emprego crescia quase na mesma proporção. O modelo começou a dar sinais de esgotamento com a falência do Estado como agente econômico, cujos gastos eram maiores do que a arrecadação, e com as novas tecnologias gerando crescimento **com** desemprego.

Uma variante do keynesianismo foi aplicada nas economias dos países subdesenvolvidos da América Latina, como a doutrina desenvolvimentista em que o Estado exerce as funções de produção e planejamento. No Brasil, a partir de 1930, o governo, por meio do chamado Estado empresarial, investiu pesadamente em infra-estrutura, como hidrelétrica, siderurgia, mineração, ferrovia, petróleo, telecomunicações, e impulsionou o capital privado.

Até algumas décadas atrás, o Estado brasileiro tinha uma influência enorme nas decisões econômicas internas do país. Concedia empréstimos a juros baixos para os agricultores, financiava as empresas por meio de seus bancos estatais, garantia suprimento e preços estáveis para a matéria-prima e levava adiante as grandes obras de infra-estrutura. Na década de 1980, porém, iniciou-se a crise do modelo de desenvolvimento de proteção à indústria nacional, fundamentado na política de industrialização por **substituição de importação**. Por meio dessa política, tratava-se de fabricar aqui o que antes era comprado no exterior. Atualmente as finanças governamentais estão em declínio e a capacidade de investimento no setor público brasileiro é quase nula.

Sem recursos para reinvestir, os Estados privatizam — e essa onda se espalha por todo o mundo. Os governos privatizam rodovias, vendem usinas siderúrgicas, ferrovias e serviços públicos de energia elétrica porque alegam não ter mais dinheiro para investir e modernizar equipamentos e instituições. Ao contrário do que ocorria no passado, hoje são os governos que vão atrás das empresas com ofertas de transferência de serviços.

REPRODUÇÃO

Reprodução da capa da 1ª edição brasileira , Porto Alegre, Globo, 1946.

A trajetória teórica

A redescoberta das "virtudes" do mercado, originada pela corrente do pensamento econômico neoliberal, foi a principal reação ao keynesianismo.

O texto de origem do pensamento econômico neoliberal é *O caminho da servidão*, do austríaco Friedrich von Hayek, escrito em 1944. Conforme o historiador inglês Perry Anderson, do qual vamos nos servir, a obra de Hayek é um forte ataque a qualquer interferência do Estado em limitar os mecanismos de mercado, o que se considera grande ameaça à liberdade, não somente econômica mas também política. O alvo imediato de Hayek, em 1944, era o Partido Trabalhista inglês, que venceria as eleições de 1945. O alerta de Hayek havia sido drástico: "Apesar de suas boas intenções, a socialdemocracia moderada inglesa conduz ao mesmo desastre que o nazismo alemão — uma servidão moderna".

Enquanto na Europa do pós-guerra se consolidaram as bases do Estado do Bem-Estar Social (Estado-protetor), não somente na Inglaterra mas também em outros países, Hayek e aqueles que compartilhavam de sua orientação ideológica, ou seja, os ferrenhos adversários do Estado do Bem-Estar europeu, não se deram por vencidos.

A intenção de Hayek e de seus seguidores, como o economista norte-americano Milton Friedman, era combater o keynesianismo em vigor e instituir as bases de um outro tipo de capitalismo, livre de regras para o futuro.

Friedman, responsável pelo que se chamaria mais tarde de "Escola de Chicago", foi reconhecido como o mais notável representante do neoliberalismo. Essa corrente, genericamente denominada "monetarista", aponta para os males da inflação causados pelos gastos governamentais e para as dificuldades de crescimento do livre mercado em virtude da intervenção do Estado na economia.

Corte de despesas públicas, de benefícios sociais, liberalização econômica, venda de empresas estatais, suspensão de controle de preços, eliminação de controle de comércio exterior e prioridade absoluta do combate à inflação — essas são as medidas do ideal neoliberal.

A partir dos anos 70, a economia capitalista atingiu tal grau de competitividade internacional que reduziu a eficácia das políticas econômicas keynesianas cujo bom funcionamento se dava apenas, até então, em escala nacional. O neoliberalismo, em contrapartida, forçava a abertura das economias nacionais ao mercado internacional.

Segundo Perry Anderson, as condições para a mudança neoliberal não eram totalmente favoráveis na década de 1950, uma vez que o capitalismo dos países mais avançados estava iniciando uma longa fase áurea jamais vista. Durante as décadas de 1950 e 1960, a chamada "idade de ouro" do capitalismo, ocorreram os mais rápidos índices de crescimento de toda a sua história. Por essa razão, não pareciam corresponder à realidade os alertas dos neoliberais quanto aos perigos que representava qualquer interferência no mercado por parte do Estado. A polêmica contra os gastos sociais, no entanto, encontra maior receptividade.

Hayek e seus companheiros adversários do Estado-protetor argumentavam que o novo igualitarismo reinante no período de 1950 e 1960, proporcionado pelo Estado do Bem-Estar Social, estava sendo letal à liberdade dos cidadãos e enfraqueceria a concorrência, responsável pela prosperidade de todos. Contrariando o consenso oficial da época, os neoliberais viam a desigualdade social como um valor até certo ponto positivo — ou mesmo imprescindível em si — e era disso que a sociedade precisava.

Essas idéias permaneceram em compasso de espera por mais ou menos vinte anos, quando então tudo mudou, em 1973, com a emergência da crise do modelo econômico do pós-guerra. O mundo capitalista avançado havia entrado numa longa e profunda recessão, convivendo, pela primeira vez, com reduzidas taxas de crescimento econômico e crescentes índices de inflação. A partir daí, as teorias neoliberais passaram a ganhar força.

O elemento principal da crise, na argumentação de Hayek e de seus seguidores, estava no poder excessivo e nefasto dos sindicatos, ou melhor, no movimento operário, que havia destruído os níveis necessários de lucros das empresas, com suas pressões por melhores salários e com reivindicações parasitárias para que o Estado aumentasse cada vez mais os gastos sociais.

Os neoliberais alegavam que o sindicalismo e a proteção do Estado haviam corroído as bases da acumulação capitalista e dado início aos processos inflacionários, o que certamente resultaria numa crise generalizada do capitalismo. A premissa era a de que os salários eram inflacionários. Apregoavam um Estado mínimo, mas forte o suficiente para conter os sindicatos e os gastos sociais e para manter o controle do dinheiro.

Regular o índice de crescimento de dinheiro em circulação deveria ser o principal objetivo de qualquer governo. Seriam necessárias disciplina orçamentária, com a redução dos gastos com bem-estar, e retomada da taxa "natural" de desemprego, ou seja, a manutenção de um exército industrial de reserva de mão-de-obra para "quebrar" os sindicatos. Com mais gente se oferecendo para trabalhar, menores os salários, menor a inflação. Sugeriram-se também outras medidas, como redução de impostos sobre os rendimentos mais altos. Dessa forma, a reestruturação da desigualdade iria dinamizar novamente as economias de mercado, então às voltas com uma estagflação (inflação com recessão), resultado direto da herança de Keynes aplicada até então como remédio às crises econômicas.

O modelo posto em prática

A oportunidade para pôr em prática tal política econômica veio em 1979 com a vitória de Margaret Thatcher, como primeira-ministra da Inglaterra, conhecida como "a dama de ferro" por seu rigor no trato com a economia e os sindicatos. Este foi o primeiro governo de um país de capitalismo avançado que claramente se empenhou em testar o programa neoliberal. Nos Estados Unidos, um ano depois, em 1980, Ronald Reagan também o aplicou; em 1982 foi a vez de Helmut Kohl, na Alemanha; e, em 1983, Schluter, na Dinamarca. Em seguida, como afirma Perry Anderson, quase todos os países do norte da Europa Ocidental, com exceção da Suécia e da Áustria, também aderiram ao neoconservadorismo.

A mensagem neoliberal havia incluído como ponto fundamental o radical combate ao comunismo, considerado por Hayek como a mais completa servidão humana. Essas idéias, ao encontrar simpatizantes, sem dúvida fortaleceram o poder de atração do neoliberalismo político, servindo para o predomínio das forças conservadoras na Europa e nos Estados Unidos.

O modelo inglês, o pioneiro na Europa, foi o mais ortodoxo. Os sucessivos anos de governo Thatcher (1979-1990) reduziram a emissão de dinheiro, elevaram as taxas de juro, baixaram os impostos sobre os rendimentos dos ricos, geraram níveis crescentes de desemprego, contiveram as greves, impuseram nova legislação anti-sindical, reduziram os gastos sociais e elaboraram amplo programa de venda de empresas estatais, como as de habitação e indústrias básicas — siderurgia, eletricidade, petróleo, gás e água.

Diferentemente, nos Estados Unidos, onde o Estado do Bem-Estar Social despendia muito menos capital se comparado ao modelo europeu, a prioridade neoliberal do presidente Reagan era a competição militar com a União Soviética. Sua estratégia era, em parte, desmantelar a economia soviética e, por essa via, enfraquecer o regime comunista na Rússia. Como política interna, Reagan também reduziu os impostos sobre os rendimentos altos, elevou as taxas de juro e dissolveu a única greve forte ocorrida em seu governo — a dos controladores do tráfego aéreo que resultou na demissão de 11.400 funcionários. Reagan lançou-se, também, a uma espetacular corrida armamentista, provocando enormes gastos com o setor militar. O projeto mais audacioso ficou conhecido como "Guerra nas estrelas".

No continente europeu, em geral, os governos praticaram um neoliberalismo mais cauteloso e brando. Mas mesmo os governos de esquerda, considerados como alternativas progressistas, acabaram lançando mão do ideário próximo do modelo neoliberal.

Essas experiências demonstraram a ampla aceitação alcançada pelo modelo neoliberal como ideologia. No início, somente governos declaradamente de direita radical (ou conservadora) se dispuseram a testar as novas idéias; mais tarde, qualquer governo, mesmo os que se diziam de esquerda, fizeram-no. Por fim, o triunfo dessa ideologia veio nos anos 80.

Deter a inflação, intenção prioritária do modelo, foi uma tarefa bem-sucedida. Também teve êxito o enfraquecimento do movimento sindical durante os anos 80, o que refletiu na queda acentuada do número de greves e numa real contenção dos salários e crescimento das taxas de desemprego. Todas essas medidas eram consideradas mecanismo "natural" e "necessário" de qualquer economia de mercado eficiente.

Se o avaliarmos hoje, podemos dizer que o programa neoliberal foi bem-sucedido na derrubada da inflação e no aumento dos lucros, mesmo com o crescimento do desemprego e o rebaixamento dos salários. No entanto, todas essas medidas haviam sido postas em prática com o objetivo de atingir o revigoramento do capitalismo avançado e retomar as altas taxas de crescimento estáveis, como ocorriam anteriormente à crise dos anos 70. Nesse aspecto, tal medida resultou em fracasso: no período, as taxas de crescimento econômico foram baixas, numa curva descendente dos anos 70 até uma nova recessão em 1991.

O avanço do neoliberalismo no Leste Europeu

Segundo Perry Anderson, o que era de esperar não aconteceu no início dos anos 90: não houve forte reação contra o neoliberalismo. Ao contrário, por estranho que pareça, ele ganhou fôlego na Europa, demonstrando impressionante vitalidade.

Uma das principais razões de seu novo fôlego foi a vitória do neoliberalismo na Europa Oriental após a queda do comunismo, entre 1989 e 1991. Paradoxalmente, isso ocorreu justamente no momento em que os limites do neoliberalismo tornavam-se cada vez mais evidentes.

Os novos administradores das economias dos países saídos do comunismo no Leste Europeu foram fiéis seguidores de Hayek e Friedman, com menosprezo total pelo Estado do Bem-Estar Social e pelo keynesianismo. Nesses regimes pós-comunistas, o modelo não difere muito do que se aplicou na Inglaterra e em outros países: derrubada da inflação a qualquer custo, desmonte de serviços públicos, privatizações de empresas estatais em escala muito mais ampla, aumento das desigualdades sociais e, como novidade, o crescimento do capital corrupto.

Conforme aponta Perry Anderson, em 1993 o primeiro-ministro tcheco Vaclav Klaus formula intransigentemente sua adesão ao modelo:

> O sistema social da Europa Ocidental está demasiadamente amarrado por regras e pelo controle social excessivo. O Estado do Bem-Estar Social, com todas as suas transferências de pagamentos generosos desligados de critérios, de esforços ou de méritos, destrói a moralidade básica do trabalho e o sentido de responsabilidade individual. Há excessiva proteção e burocracia.

A vitória do Ocidente na Guerra Fria, com a derrota de seu adversário comunista, no entanto, não foi pela suposta virtude do capitalismo.

A experiência no Terceiro Mundo

O impacto do triunfo neoliberal rumou para a América Latina, que se tornou seu terceiro grande território de experimentação. Nessa região, o termo neoliberal é associado a posturas políticas profundamente conservadoras.

Nos anos 70, sob a ditadura do general Augusto Pinochet, o Chile foi cobaia da primeira experiência neoliberal sistemática do mundo. A economia chilena teve a primazia de ter sido a pioneira do ciclo neoliberal da história contemporânea. O Chile começou seus programas de maneira dura: liberalização da economia, alta taxa de desemprego, repressão sindical, concentração de renda em favor dos ricos, privatização de bens públicos etc. A experiência foi olhada com admiração por certos estadistas estrangeiros, pois, passado certo tempo de crise, a economia chilena cresceu em ritmo bastante acelerado.

Sob a inspiração teórica de Milton Friedman, a experiência chilena teve início quase uma década antes da cruzada de Thatcher, na Inglaterra, e foi acompanhada com atenção pelos ingleses, interessados nos resultados. Não foi por acaso que os dois países mantiveram excelentes relações nos anos 80.

Como aponta Perry Anderson, para pôr em prática medidas fortes, consideradas "impopulares", o neoliberalismo chileno contou com a ajuda de "uma das mais cruéis ditaduras militares do pós-guerra. Mas a democracia em si mesma — como explicava incansavelmente Hayek — jamais havia sido um valor central no neoliberalismo".

Como se vê, o neoliberalismo pode se combinar no campo político com o autoritarismo. Parte de seus ideólogos critica o excesso de igualdade política representado pela democracia, que permite aos indivíduos improdutivos participar de decisões políticas que possam prejudicar os produtivos. Nessa lógica, a liberdade econômica não deve implicar a liberdade política das massas. Primeiro crescer; depois democratizar — esse é o lema neoliberal.

Em 1985, na Bolívia, Jeffrey Sachs, da Universidade de Harvard, aplicou seu tratamento de choque e, posteriormente, foi convidado a aplicá-lo na Polônia e na Rússia.

A adesão da América Latina ao neoliberalismo se deu antes mesmo da presidência de Salinas no México, em 1988; na Argentina, com Menen, em 1989; na Venezuela, com Carlos Andrés Perez, no mesmo ano; e no Peru, com a eleição de Fujimori, em 1990. O Brasil passou a praticar um ideário próximo do modelo neoliberal a partir de 1990 com os governos Collor e Fernando Henrique Cardoso.

Conforme destaca Perry Anderson, nenhum dos governos apontados deixou explícito ao povo, antes de ser eleito, o que realmente faria depois de assumir o poder. Muitos prometeram exatamente o oposto das políticas radicalmente antipopulares que implementaram nos anos 90, e, já empossados, argumentavam que as medidas de choque eram necessárias ao combate à hiperinflação.

Para o economista, diplomata e político Roberto Campos, considerado um radical defensor da teoria liberal, atribuir à política econômica do Brasil, a partir dos anos 90, a denominação de neoliberal é um exagero. Ele argumenta que o país nem sequer exibiu vocação liberal ao longo de sua história. O que houve foi "uma tímida guinada liberalizante". Aliás, para alguns economistas, o chamado neoliberalismo não traz nada de novo, a não ser a retomada do velho liberalismo acrescido do prefixo *neo*.

O poder da política ultraliberal

Com a cruzada neoliberal, a interferência do Estado virou sinônimo de ineficiência, inflação e privilégios. Seu discurso típico consistia em afirmar que era preciso haver austeridade nos salários e nos gastos sociais. Difundiu-se a imagem de governos austeros receitando fortes doses de remédios não-palatáveis para restaurar a saúde de economias doentes.

O aumento da competição internacional, em um período de baixo crescimento, levou todos os Estados a se tornarem mais enxutos e a se voltarem para a manutenção de um clima favorável aos negócios. Os sindicatos e outros movimentos sociais foram controlados. Embora a política de resistência por parte da classe trabalhadora possa ter variado, a austeridade e a ruptura do compromisso social entre governo e trabalhadores se tornaram bandeiras em quase todos os Estados do mundo capitalista avançado.

No Terceiro Mundo, para a liberação de créditos, a política do Fundo Monetário Internacional (FMI) e do Banco Mundial buscou forçar reformas econômicas, com cortes dos gastos públicos e de salários reais e com austeridade nas políticas fiscal e monetária. Tão drásticas foram essas medidas que provocaram, nos anos 80, uma onda de protestos e distúrbios.

As críticas ao modelo

Nos últimos anos, com a intenção de preparar o terreno para novos investimentos, os governos latino-americanos têm adotado uma política de "saneamento" da economia. Quase sempre ela se inicia pela privatização das empresas estatais, pelo enxugamento da máquina pública e pela derrubada das barreiras protecionistas que impedem a liberdade das trocas comerciais internacionais.

Os governos alegam que não há outra saída para uma economia globalizada. Mas para os críticos do neoliberalismo, o erro de avaliação cometido pelos defensores desse pensamento é que eles interpretam as mudanças de forma irreversível, como um fenômeno independente da vontade e da intervenção dos governos. Como decorrência, os neoliberais propõem que devamos aderir sem contestação aos novos ideais, como se não houvesse outro caminho para a modernidade. Além disso, muitos governos utilizam o fato da globalização da economia como justificativa para a crise do emprego, sugerindo que a aceitemos como inevitável.

Manifestantes protestam em conseqüência da privatização do setor elétrico. A falta de investimentos resultou no risco de desabastecimento de energia no país.

Os reparos à política de inspiração neoliberal não residem, evidentemente, em alguns de seus objetivos, certamente louváveis: conseguir eficiência da máquina governamental, disciplina fiscal, estabilidade dos preços, fortalecimento da iniciativa privada e a melhora da eficiência do sistema econômico. As restrições são de outra natureza, e se dão no irrealismo de suas crenças de que o livre mercado por si só tem a virtude de corrigir as falhas do sistema econômico.

Saliente-se que, do ponto de vista prático, o resultado dos diversos programas neoliberais não oferece motivo de orgulho para seus defensores. A Argentina, depois de sucessivos crescimentos e inflação contida, sofreu posteriormente uma crise sem precedentes e foi ignorada pelos seus investidores internacionais no momento mais crítico, em 2002. O keynesianismo, mesmo com suas falhas, proporcionou aproximadamente mais de duas décadas de crescimento acelerado das economias capitalistas, seguidas de crescente democratização da vida social e política. Já o neoliberalismo, nos locais onde foi aplicado, especialmente dos anos 70 para cá, mostrou-se decepcionante no que se refere à reanimação e ao fortalecimento da economia, bem como à sua convivência com regimes políticos conservadores ou francamente ditatoriais.

Os opositores da política neoliberal afirmam que o capitalismo de hoje não é tão concorrencial como se apregoa, que os mercados não têm o mesmo desempenho e que os gastos dos consumidores não são livres da vontade das empresas. Mais ainda, argumentam que o sistema econômico, relegado ao livre mercado, não gera necessariamente pleno emprego, muito menos corrige desigualdades sociais.

O fato de que alguns aspectos fundamentais da doutrina keynesiana foram se tornando ultrapassados não justifica a adoção do antigo liberalismo de sobrevivência dos mais fortes — que não representa, na verdade, a única opção no mundo moderno. Um país, uma economia, não se confunde com uma empresa; a sociedade não pode ser regulada como o mercado.

Alguns apontam, como atenuante ao modelo neoliberal, para uma política de Estado voltada para investimentos geradores de mão-de-obra, reforma agrária, programas de habitação e saneamento básico.

Apesar de todas as críticas, no entanto, fica claro que, enfraquecida a opção socialista, o projeto político neoliberal tem-se tornado hoje a alternativa hegemônica no mundo globalizado mesmo não obtendo sucesso em reduzir a pobreza no mundo. Até um país economicamente forte, como os Estados Unidos, tem aumentado a desigualdade entre

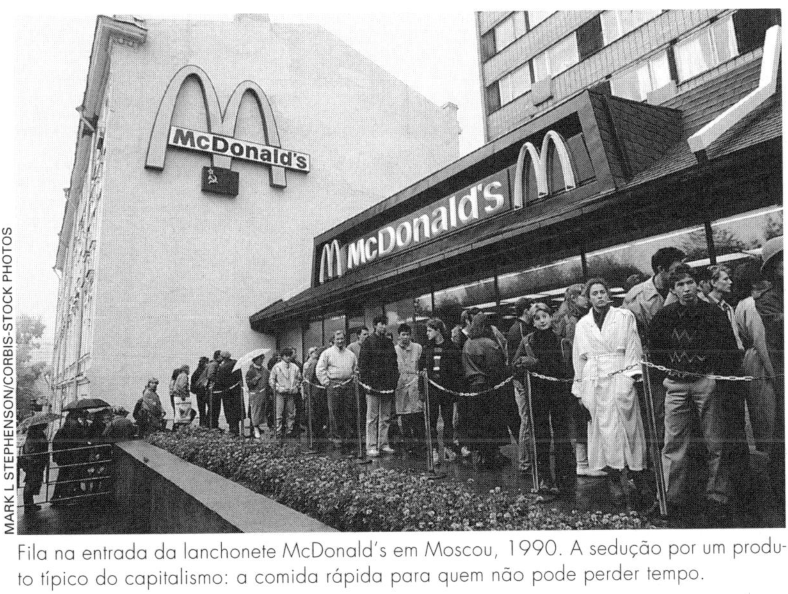

MARK L STEPHENSON/CORBIS-STOCK PHOTOS

Fila na entrada da lanchonete McDonald's em Moscou, 1990. A sedução por um produto típico do capitalismo: a comida rápida para quem não pode perder tempo.

ricos e pobres e também a proporção destes na população. Sem redução da taxa de desemprego no mundo, a população excluída muitas vezes é vítima das fileiras, cada vez maiores, de movimentos de violência e xenofobia. Como bem apontou o jornalista Clóvis Rossi, da *Folha de S.Paulo*, "acabou a convicção de que o Estado podia operar milagres, mas durou muito pouco a de que o livre mercado é capaz de resolver todos os problemas".

5. A transformação do trabalho

Taylorismo e fordismo: modelos de produção rígidos, mas eficientes por décadas. Com a dinâmica do mercado, houve aperfeiçoamentos com a produção flexível (toyotismo). Outras fórmulas de produção mantêm-se ainda em vigência, tais como: subcontratação, exploração de mão-de-obra dos países pobres e, como decorrência, enfraquecimento dos sindicatos.

Como os surpresos observadores das primeiras fábricas movidas a vapor na Grã-Bretanha, os visitantes estrangeiros na fábrica automatizada da Fanuc parecem ficar assustados ao verem robôs movimentando-se no interior do edifício, tilintando e zumbindo enquanto soldam circuitos, examinam seus trabalhos com olhos que são como câmaras, passando coisas de um lugar para outro, num trabalho que continua depois de escurecer, quando as luzes diminuem. As pessoas parecem sentir que tanto a máquina a vapor como o robô encerram promessas e riscos para a manufatura.

(Paul Kennedy, *Preparando para o século XXI.*)

Acredita-se que a fábrica japonesa Fanuc seja atualmente a mais visitada no mundo. Cerca de 2 mil pessoas o fazem anualmente. Com apenas 60 funcionários e 101 robôs, ela produz 10 mil motores por mês. A essa tendência, os economistas dão o nome de "desemprego estrutural". Trata-se de um processo irreversível, porque as fábricas dotadas de robôs controlados por computadores não necessitam mais de tantos operários e também os escritórios informatizados podem abrir mão de grande parte de seus funcionários. Não se trata mais do desemprego anterior, causado por recessões que de um momento para outro passavam.

O crescimento do desemprego estrutural é um problema para o qual ainda não se encontrou solução. No final do século XIX, o filósofo alemão Karl Marx já havia apontado para a tendência de o capitalismo, com o aprimoramento do maquinário e o excesso de mercadorias, produzir desemprego. Em 1931, no auge da Grande Depressão iniciada em 1929, o economista inglês John Maynard Keynes criou o conceito de "desemprego tecnológico".

O antigo modelo produtivo

Na primeira década do século XX, o engenheiro norte-americano Frederick Taylor (1856-1915), ao fundamentar os princípios de direção científica na empresa, defendia que a forma mais eficiente de organizar a produção seria a simplificação do trabalho complexo, reduzindo-o a tarefas simples e repetitivas. Dessa forma, quase nenhuma qualificação era necessária aos trabalhadores encarregados de executá-las. Esse modelo produtivo é chamado de *taylorismo*.

Posteriormente, o industrial norte-americano Henry Ford (1863-1947) aplicou esse modelo na organização do trabalho em sua indústria automobilística. Os trabalhadores enfileiravam-se ao longo de uma linha de montagem em série e cada operário da cadeia de produção executava em cadência a mesma tarefa. Daí surgiu o nome de *fordismo* para designar a produção industrial em massa.

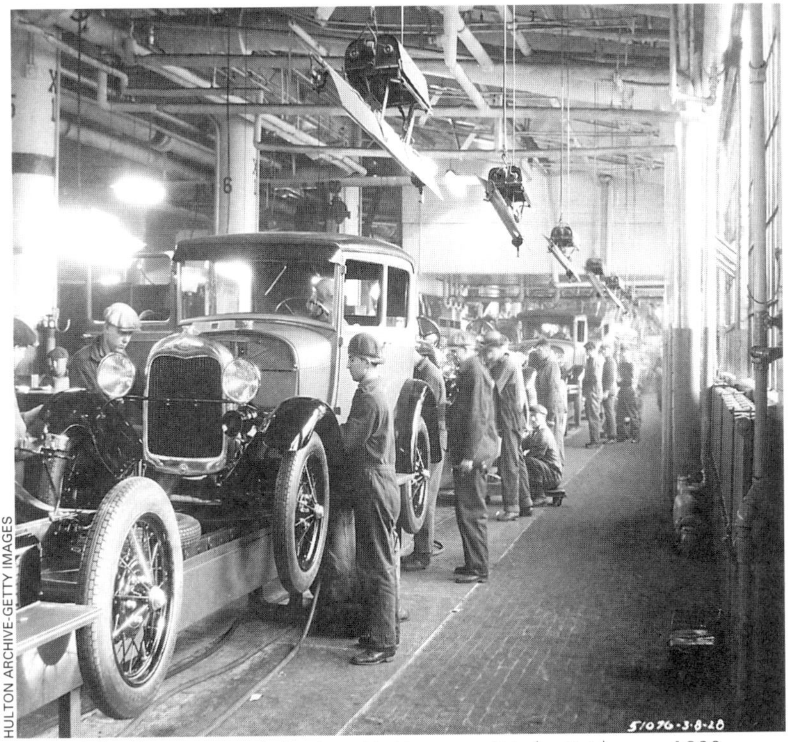

HULTON ARCHIVE-GETTY IMAGES

Antiga linha de montagem da Ford em Michigan, nos Estados Unidos, em 1928.

A produção em grande quantidade não se restringiu à indústria automobilística. A fase áurea de desenvolvimento da produção fabril sob a concepção do fordismo estendeu-se aproximadamente de 1920 até 1980.

Não se trata, porém, apenas de um mero processo de produção em massa, mas também de um "modelo social", de uma concepção de vida, combinando trabalho com uma cultura do tempo livre.

O que havia de inovador em Ford era a sua visão de um tipo de sociedade democrática, de consumo de massa, resultando em uma nova psicologia do comportamento. O estilo de vida norte-americano e o fordismo objetivaram formar um novo tipo de trabalhador e uma nova concepção de homem.

Ford acreditava que uma nova concepção de sociedade poderia ser construída propiciando ao trabalhador melhor renda e tempo de lazer que lhe possibilitassem consumir produtos fabricados em massa. Na formação dessa nova ordem social, presumia-se que os trabalhadores soubessem gastar seu dinheiro com moderação.

Como já vimos anteriormente, John Maynard Keynes propunha na década de 1920 como saída para as crises cíclicas do capitalismo a interferência direta do Estado no sistema econômico, em áreas de investimentos públicos como transporte, saúde, seguro social, educação, habitação etc. Combinados, o keynesianismo e o fordismo formaram, entre os anos 20 e 80, a base de organização do capitalismo do período: o Estado se esforçava por regular ciclos econômicos com políticas intervencionistas dirigidas para as áreas de investimento público e os industriais mantinham a eficiência produtiva e o poder aquisitivo do proletariado.

O pós-guerra representou a universalização e a maturação do fordismo, com o aumento do consumo e com altas e estáveis taxas de crescimento econômico.

A produção flexível

Como se viu nas últimas décadas, o fordismo vem sofrendo a competição de novas economias emergentes. Ele foi capaz de produzir grande quantidade de artigos padronizados, mas sem flexibilidade para alterações rápidas, necessárias para adaptar-se às flutuações repentinas no mercado, tanto nacional quanto internacional.

A globalização da economia capitalista a partir dos anos 70 reduziu a eficácia da política econômica keynesiana-fordista, cujo funcionamento se limitava apenas à escala nacional. O neoliberalismo corroeu o apoio ao Estado do Bem-Estar Social e partiu para a abertura das economias nacionais ao mercado global.

Ao mesmo tempo, a acirrada concorrência, intensificada pela crise econômica, exigia das grandes empresas que disputavam espaço no mercado mundial novas formas de organização da produção. Exigia-se maior flexibilidade, o que lhes permitia expandir ou retrair a produção de acordo com as oscilações do mercado. Esse novo modelo de organização do trabalho teve lugar inicialmente nas fábricas da Toyota, no Japão, de onde surgiu o nome toyotismo para esse novo modelo de organização do trabalho, visando obter maior flexibilidade de produção.

É quase certo que estamos prenunciando a passagem da rigidez da produção em massa, padronizada do fordismo, para o que se poderia chamar de "produção flexível". Por flexibilidade, entende-se a capacidade de rápida adaptação da empresa para produzir, tanto por meio de máquinas informatizadas facilmente moduláveis quanto por uma ágil variação da mão-de-obra.

A transição do fordismo para a "produção flexível" gerou crises econômicas no início dos anos 70. Como já vimos, a crescente retirada de apoio ao Estado do Bem-Estar Social, herança do keynesianismo, e o ataque ao poder sindical organizado e aos salários foram transformados pelos neoliberais numa virtude da nova ordem econômica global.

Com altas taxas de inflação e elevação do preço do petróleo, em 1973, o sistema econômico mundial entra em crise, havendo necessidade de as organizações iniciarem um período de racionalização, reestruturação e intensificação da exploração do trabalho. O avanço tecnológico, a automação, a busca de novas formas de produção e novos mercados, a dispersão geográfica para zonas onde a exploração do trabalho fosse mais barata, tudo isso se tornou a principal estratégia de sobrevivência das grandes empresas.

Por sua vez, a produção flexível, longe da rigidez do fordismo, apóia-se na flexibilidade organizacional do trabalho, das formas de contratação do trabalho, dos produtos e padrões de consumo. Agilidade e eficiência nas tomadas de decisão constituem princípios básicos para a luta pela concorrência. Cada vez mais se estreita o tempo para tomar decisões, exigindo mais rapidez de resposta por parte das instituições públicas e privadas.

O aumento da competição e a limitação das margens de lucro impõem contratos de trabalho mais flexíveis. Há forte tendência para a subcontratação de serviços como forma de escapar do custo de oscilação do mercado. Verifica-se em todo o mundo capitalista o rápido crescimento de economias "subterrâneas" ou "informais".

Como conseqüência, essa política econômica flexível tem resultado em desemprego, postos de trabalho mal remunerados, retrocesso do poder sindical, destruição de antigas habilidades e construção de novas, além do aumento da capacidade de fabricação de uma variedade de artigos em pequenos lotes a preços mais baixos e com rápidos giros de estoques. Houve também a flexibilização do processo de produção, capacitando as empresas a responder às diferentes necessidades do consumidor num mercado instável e fugaz.

Novos métodos como a subcontratação (ou a entrega de serviços para terceiros) fazem com que a Benetton, por exemplo, não produza nada diretamente, sendo apenas, como afirma o professor David Harvey, da Universidade de Oxford, "uma potente máquina de *marketing* que transmite ordens para um amplo conjunto de produtores independentes".

Uma das maiores empresas de tênis, a Nike, emprega em seu escritório central, nos Estados Unidos, cerca de 15 mil funcionários. Já a atividade produtiva é terceirizada nas mãos de fornecedores de diversas partes do mundo, empregando por volta de 80 mil pessoas.

Em busca do mercado global

A concorrência internacional está se processando cada vez mais agilmente, na mobilidade geográfica, nas respostas flexíveis dos mercados de trabalho, na organização do trabalho e nos mercados de consumo. E tudo isso se combina com fortes doses de aprimoramento tecnológico, num acelerado ritmo de inovação dos produtos e do tempo de giro do capital. Para compensar os altos custos de investimentos, ampliam-se os mercados mundialmente.

Para enfrentar o novo mercado dois fatores são importantes atualmente: o acesso à informação e a capacidade de resposta imediata às variações, seja de taxas de câmbio, seja de modas ou gostos do consumidor. As iniciativas dos concorrentes têm hoje um caráter mais crucial para a sobrevivência de uma empresa. Segundo David Harvey, o próprio conhecimento se torna "uma mercadoria-chave, a ser produzida e vendida a quem pagar mais". A descoberta de um remédio contra a Aids ou o desenvolvimento de programas gráficos usados em computadores podem render mais do que a venda de toneladas de chapas de aço.

Além disso, a inovação tecnológica gerou excedentes de mão-de-obra que tornaram viável a retomada das práticas de superexploração, mesmo nos países capitalistas avançados. Em cidades como Nova York e Los Angeles tem crescido o trabalho em casa, bem como as atividades clandestinas ou ligadas ao setor informal, ou seja, sem vínculo empregatício.

Assim, novas formas de trabalho alternativo convivem lado a lado, no mesmo espaço, permitindo que os empregadores escolham à vontade entre elas. Em *A condição pós-moderna*, David Harvey afirma que o mesmo molde de camisa pode ser produzido por fábricas de larga escala na Índia, pelo sistema cooperativo da Itália, por exploradores de imigrantes em Nova York e Londres ou por sistemas de trabalho familiar em Hong Kong.

O preço real disso é a redescoberta e o crescimento do trabalho duro e mal pago. Sindicalização e idéias socialistas, em crise de identidade, tornam-se de difícil aceitação em sistemas de produção patriarcais ou familiares, como as do Sudeste Asiático ou de colônias de imigrantes de Los Angeles, Nova York e Londres.

Novas medidas, novos problemas

A principal denúncia contra a nova ordem mundial é a de que a globalização econômica está cortando os empregos em escala mundial e num ritmo igualmente veloz. As grandes corporações multinacionais demitem dezenas de milhares de trabalhadores e, na busca de redução de custos, terceirizam parte de seu trabalho e transferem suas operações para países do Terceiro Mundo, com mão-de-obra mais barata. "Crescimento sem emprego" é a expressão utilizada pela ONU para o fenômeno atual.

Até mesmo a Europa Ocidental, que conseguiu contornar as tensões do pós-guerra com a construção de uma eficiente rede de assistência social, vive a crise do Estado do Bem-Estar Social.

Diferentes países como Espanha e Finlândia, por exemplo, apresentam taxas de desemprego beirando os 20%, enquanto economias emergentes da Ásia, como os Tigres Asiáticos (Coréia do Sul, Cingapura, Taiwan e Hong Kong), ou alguns imitadores, como Malásia, Vietnã e Tailândia, são consideradas exemplo de agressividade econômica. Também as indústrias japonesas estão começando a instalar-se em países com mão-de-obra mais barata.

O grande dilema dos governos é que, se um país estabelece uma legislação que protege e encarece a mão-de-obra, deixa de ser atrativo para o investimento multinacional. O trabalhador europeu é cada vez mais caro, devido às taxas de benefícios sociais pagas pelo empregador. Em razão disso, as multinacionais européias transferem seus novos negócios para outros continentes e não há nada que os governos europeus possam fazer contra isso. Os empregadores europeus acusam o crescente custo da mão-de-obra em seus países de origem de "exportador de empregos".

Nos países europeus, a polêmica sobre os efeitos da globalização é realizada quase nos mesmos moldes e com linguagem semelhante à nossa. Ao se discutirem formas de diminuir o "custo" de cada país para se tornar mais competitivo no mercado internacional, as propostas vão das reformas na Previdência Social até a flexibilização das regras trabalhistas, com redução de benefícios e desregulamentação. Para enfrentar a realidade da economia globalizada, a mesma justificativa é utilizada por governos de países asiáticos de industrialização emergente: os sindicatos devem moderar suas reivindicações.

Cada vez mais se duvida de que a proteção governamental seja capaz de criar empregos. A automatização da produção parece pesar de forma inevitável, embora em certos ramos industriais, como o de vestuário, ainda se procure o baixo custo da mão-de-obra, pois incorpora pouca tecnologia e necessita muito mais de operários do que de engenheiros. Em Bangladesh, Paquistão e Turquia, por exemplo, a indústria têxtil fornece o grosso de suas exportações. Em contrapartida, nos ramos industriais de tecnologia intensiva e alto custo com pesquisa, o preço da mão-de-obra e de matéria-prima deixou de constituir forte atrativo.

Como vimos, dentro de um mesmo setor industrial, as funções de concepção do produto, pesquisa, administração, *marketing*, fabricação e distribuição localizam-se em países diferentes. É o que vem ocorrendo, por exemplo, com certos fabricantes de tênis e computadores. Essa modalidade de divisão internacional do trabalho é chamada de divisão por funções.

Ao lado da aguerrida concorrência que caracteriza o complexo sistema produtivo mundial, encontra-se também uma maior cooperação entre as organizações:

> A holandesa Philips, por exemplo, associou-se à francesa Thompson para aperfeiçoar, enfrentando os japoneses, a televisão de amanhã (chamada de HDTV, ou TV de alta definição), mas associou-se à japonesa Sony para desenvolver o seu *compact disc* e mais recentemente à Matsushita nos cassetes digitais para combater... a Sony! Se os EUA se sentem "invadidos" pelos produtos vindos do Japão, o Japão se sente dependente dos EUA para suas exportações. A isso se chama "aumento da interdependência".
>
> (Pierre Beckouche. *Indústria em um só mundo.*)

O refluxo da consciência política

As transformações que vêm ocorrendo no mundo do trabalho, em seus organismos de representação, como sindicatos e partidos políticos, têm proporções ainda não de todo estudadas. Sua intensidade deve-se ao fato de ter atingido tanto os salários quanto a consciência da classe trabalhadora.

Se as várias transformações destes últimos anos atingiram antes de tudo os países do Primeiro Mundo, foram também intensas as repercussões econômicas nos países do chamado Terceiro Mundo em decorrência da globalização do capital. É o caso do Brasil, dotado de um importante parque industrial.

A crescente transformação, como a queda de fronteiras e barreiras que separam a economia dos países, acompanhada da Terceira Revolução Industrial — causada pela emergência da automação, da robótica e da microeletrônica —, possibilitou uma revolução tecnológica de enorme impacto. Como já vimos, além do taylorismo e do fordismo, em relativa crise, têm-se destacado novos processos produtivos, como o toyotismo. Tais mudanças têm conseqüências diretas no mundo do trabalho, especialmente no universo da classe operária. Desmembramento em unidades fabris menores, desconcentração da produção, crescente flexibilização dos direitos do trabalho, formas de gestão e de participação da mão-de-obra, como o Círculo de Controle de Qualidade (CCQ) no Japão — tudo isso são alterações profundas que transformam também a classe operária.

Além disso, a crise atingiu diretamente a consciência de classe do trabalhador e afetou os seus sindicatos, forçados a assumir ações cada vez mais defensivas e imediatistas. Sua retração se limita à ação de defesa de classe diante do capital. Visando preservar a jornada de trabalho regulamentada e os demais direitos sociais já conquistados, gradativamente os trabalhadores foram sendo obrigados a abandonar suas posições anticapitalistas. Ameaçados em sua sobrevivência, à medida que a revolução técnica do capital avança ainda mais, os trabalhadores vêm lutando para manter o "direito ao trabalho".

As intensas lutas travadas pelos trabalhadores de todo o mundo até os anos 70 aos poucos foram refluindo. Diante da influência neoliberal hostil ao sindicalismo e da queda dos regimes comunistas no Leste Europeu, o mundo sindical de esquerda ainda não foi capaz de encontrar novas alternativas ao processo em curso, mantendo uma atuação de resistência na luta pela preservação dos direitos sociais ameaçados.

O sindicalismo vive, hoje, uma forte crise de identidade, com diminuição das taxas de sindicalização. Poder-se-ia dizer que se trata mesmo da mais forte crise no mundo do trabalho, repercutindo fortemente no movimento dos trabalhadores.

Some-se a isso o fato de ser crescente a redução do operariado fabril, tanto nos países capitalistas desenvolvidos quanto nos países do Terceiro Mundo. Instala-se um visível processo de degradação do trabalho mediante o incremento da atividade precária e parcial. As grandes migrações humanas em busca de trabalho no Primeiro Mundo evidenciam essa condição de subproletarização.

Cláusulas sociais e proteção ao trabalho

O Brasil e os demais países latino-americanos têm rejeitado a tentativa norte-americana de estabelecer cláusulas que vinculem salários a um acordo comercial internacional. Resistem em abrir mão de duas das vantagens dos países menos desenvolvidos, que são os baixos salários e a ausência de benefícios sociais.

Diante disso, empresários e trabalhadores das nações mais desenvolvidas se julgam prejudicados, já que, obrigados a arcar com custos mais elevados do trabalho, estão ameaçados de perder mercado. Como as empresas podem se deslocar para outros países mas seus empregados não, estes se vêem na iminência de perder as vantagens salariais e sociais duramente conquistadas ou até mesmo o emprego.

Segundo o economista Paul Singer, em artigo publicado na *Folha de S.Paulo* de 11/12/1994, até os anos 80 os trabalhadores dos países recém-industrializados do Terceiro Mundo tendiam a conquistar direitos e vantagens salariais que os aproximavam dos países mais adiantados. Agora, porém, a tendência se inverteu. São os trabalhadores dos países ricos do Primeiro Mundo que, pressionados pelo deslocamento das indústrias e pela terceirização, estão perdendo suas conquistas e correndo o risco de se aproximarem dos trabalhadores mal pagos e desprotegidos dos países mais atrasados.

O impasse da proteção ao trabalho

A questão da cláusula social não é nova. Já existia desde meados do século XIX. O estabelecimento de padrões de proteção ao trabalho entre os países industrializados nasceu em conseqüência dos terríveis efeitos sociais da Revolução Industrial.

No final do século XIX, os defensores das idéias liberais reafirmavam a soberania absoluta do mercado e a intransigente liberdade de contratação da mão-de-obra, como se ela fosse também uma "simples mercadoria". Por isso era forte em todos os países capitalistas mais avançados a resistência à imposição de leis de proteção do trabalho, uma vez que o empresariado desejava uma mão-de-obra barata para desenvolver suas indústrias e para competir no comércio com outras nações.

No final do século XIX, ainda não havia espaço político para uma discussão internacional a respeito das condições de trabalho nem para o estabelecimento de normas para o próprio comércio internacional. Só à medida que os trabalhadores iam conquistando o direito de associação e formavam suas organizações sindicais é que ganhava força a discussão da regulamentação do trabalho.

A idéia de uniformizar as condições de concorrência por meio de acordos internacionais encontrou, porém, constantes barreiras. O progresso social viria, em cada país, pela força das pressões das organizações de trabalhadores, de setores da classe média e até mesmo de outras instituições. Segundo o embaixador Paulo Nogueira Batista, a primeira e grande tomada de posição acerca do assunto foi da Igreja Católica, com a encíclica *Rerum novarum*, de 1891. Nela, o papa Leão XIII condena a transformação do trabalho em "mercadoria" e "clama por condições humanas de tratamento dos trabalhadores, mediante, sobretudo, uma intervenção decidida do Estado".

Em 1919, na Suíça, como decorrência do Tratado de Versalhes, foi levantada a questão da competição de países que não observavam o cumprimento das limitações de jornadas de trabalho. Enquanto se regulamentavam oito horas, havia países com jornadas de doze a catorze horas diárias para adultos e, em alguns casos, também para crianças, sem direito a repouso semanal.

A idéia central da criação da Organização Internacional do Trabalho (OIT), em 1919, era a necessidade de equiparar as condições de competição comercial pela uniformização das normas de trabalho. Dever-se-ia evitar que o livre mercado ou a concorrência se fizessem à custa da exploração desumana dos trabalhadores. Buscava-se eliminar condições de trabalho injustas.

Cabe ressaltar que a questão se colocava como um problema entre países desenvolvidos de produção industrial. Dessa discussão não participavam os países pobres do agora chamado Terceiro Mundo, exportadores de produtos primários que não competiam com os países industrializados.

A partir da década de 1980, porém, o quadro internacional se alterou mais rapidamente. A competição que os países avançados europeus passaram a sofrer por parte do Japão e dos países de industrialização recente, como os Tigres Asiáticos, o Brasil, o México, entre outros, tornou-os cada vez menos tolerantes nas relações comerciais. Portanto, a questão continua pendente.

A chegada dos novos bárbaros

Ante a concorrência das economias emergentes, a posição dos Estados Unidos e da França é a de cobrar dos países em desenvolvimento a abertura dos seus mercados, pressionando-os a firmarem declarações de intenção em promover melhoria de seus padrões de proteção ao trabalho.

As grandes levas de migrantes têm sido um grave problema para a Europa Ocidental, às voltas com o desemprego e temerosa de fortes fluxos de mão-de-obra originários não só dos países ex-comunistas mas também do norte da África. Os países mais avançados resistem à idéia de absorver fortes correntes migratórias. Leis mais severas e manifestações públicas de xenofobismo têm surgido com mais freqüência. Diz-se que os pobres de hoje podem ser os refugiados de amanhã.

Diante disso, o argumento do governo americano de que é necessário introduzir uma cláusula social na Organização Mundial do Comércio (OMC) seria uma saída para garantir o livre comércio, além de contribuir com a elevação do padrão de vida das classes trabalhadoras dos países subdesenvolvidos. A exploração da mão-de-obra é apontada como efetivo "*dumping* social". *Dumping* significa a exportação de produtos a preço de custo, ou até abaixo dele, como forma de conquistar o mercado externo, prejudicando a concorrência e, ao mesmo tempo, utilizando o emprego de baixos salários como arma na competição global.

É nítida a preocupação do governo dos Estados Unidos com essa questão. Há manifestações públicas em favor de uma ação internacional a ser levada a cabo de forma multilateral, para punir países onde, apesar do crescimento econômico já alcançado, são desrespeitados padrões de trabalho e onde regimes antidemocráticos violam as normas por meio de decisões políticas e não em virtude da pobreza.

Segundo autoridades norte-americanas, o país não pode deixar de se interessar pelas normas de trabalho de outros países por motivos de segurança nacional, segurança econômica e humanitária.

Quanto à segurança nacional, os americanos alegam que os governos que exploram seus trabalhadores ameaçam a paz internacional, pois a pobreza e as desigualdades sociais tornam-se solo fértil para o sucesso de idéias anticapitalistas. Quanto à segurança econômica, afirma-se que os Estados Unidos não podem competir com o mercado de trabalho forçado. Por fim, trata-se de uma questão "humanitária", pois práticas de trabalho forçado ou infantil e ausência de direitos de expressão por meio dos sindicatos são moralmente condenáveis.

Contra isso, propõe-se um novo pacto social global, pelo qual os países de capitalismo avançado poderiam defender condições semelhantes de sobrevivência em qualquer parte do mundo. Os custos trabalhistas e sociais dos mais pobres seriam igualados aos dos países mais ricos.

Os sindicatos de trabalhadores dos países em desenvolvimento vêem com simpatia as propostas de inclusão de uma "cláusula social" na OMC. O patronato, no entanto, não tem a mesma opinião. Para ele, essa cláusula é uma limitação à sua liberdade de fazer uso de mão-de-obra mais barata. E a maioria dos governos dos países pobres tende a defender o argumento de que só com o crescimento econômico se conseguirá melhorar o padrão de vida das classes trabalhadoras. Eles alegam que a industrialização do mundo desenvolvido foi feita sob as mesmas bases de exploração desumana que hoje tentam suprimir.

Ao contrário dos Estados Unidos e da França, no entanto, a maioria dos países europeus não tem se empenhado no combate ao *dumping* social. Os governos neoliberais não vêem com bons olhos a interferência no mercado em favor dos interesses do trabalhador.

Além disso, outro fator complicador é que a competição se verifica também na dimensão Sul-Sul, ou seja, entre países pobres. A presença das empresas multinacionais em diversos países, atraídas pelos baixos salários, além de outras vantagens, dificulta a equalização dos padrões de trabalho. Em um mundo cada vez mais interdependente, iniciativas isoladas não surtem efeitos e, por conseguinte, muitos afirmam que só é possível reduzir a jornada semanal de trabalho se todos os países fizerem o mesmo.

Os sindicatos e as Organizações Não-Governamentais (ONGs) têm exercido importante papel no mundo, no sentido de observar e denunciar junto aos governos e à comunidade internacional os abusos no tratamento dado ao trabalho. Assim, os consumidores ingleses, sob pressão, suspenderam as encomendas de bolas de futebol do Paquistão e alguns americanos estão deixando de comprar *jeans* fabricados em Bangladesh. Ambos os países são acusados de exploração da mão-de-obra infantil em atividade semi-escrava. Em Bangladesh, o trabalho feminino na confecção de roupas tem uma jornada de sessenta horas semanais, com salários em torno de 30 dólares ao mês. Na Indonésia há mulheres trabalhando na confecção de tênis por 38 dólares mensais.

A Colômbia é acusada de empregar trabalho infantil em minas de carvão; a Índia, na atividade de quebrar pedra. O Brasil, depois de uma série de denúncias comprovadas, firmou um pacto no sentido de eliminar o trabalho infantil em todas as etapas da cadeia de produção.

Sabemos, porém, o quanto um acordo no papel pode diferir da realidade social.

No início do século XXI prevalece ainda nas áreas rurais a utilização da mão-de-obra infantil não-remunerada. Nos centros urbanos tal prática ocorre, em menor escala, no serviço doméstico.

Algumas multinacionais, beneficiárias da subcontratação desse tipo de mão-de-obra, têm assinado compromissos de abolição de tal prática, temerosas da repercussão de denúncias de exploração de trabalho junto à opinião pública em seus países de origem.

REPRODUÇÃO

Iniciativa dos sindicatos dos trabalhadores e das indústrias de Franca (SP).

6. A revolução administrativa

GRANDES CORPORAÇÕES E SEUS FUNCIONÁRIOS FORAM ATINGIDOS PELAS INOVAÇÕES TECNOLÓGICAS E POR CONCORRENTES MENORES E ÁGEIS. INOVAÇÕES DA TOYOTA: MELHORAMENTO CONTÍNUO, CORTE DE DESPERDÍCIO, QUALIDADE DA MÃO-DE-OBRA E DO PRODUTO, FLEXIBILIDADE PRODUTIVA E PARTICIPAÇÃO DOS FUNCIONÁRIOS NA RESOLUÇÃO DOS PROBLEMAS DA EMPRESA.

Seguimos para o Vietnã com milhares de cozinheiros, padeiros, escriturários, motoristas, capelães e militares formados em relações públicas. O inimigo não tinha nada disso. Virtualmente, cada soldado inimigo tinha uma arma que usava contra nós. Uma grande proporção de nossos soldados, por sua vez, foi utilizada para administrar, suprir e servir às necessidades de nossos combatentes (...).

Veja como é organizada uma grande empresa. Em um caso típico, mais da metade dos empregados proporciona serviços para os demais. A parte menor do exército empresarial é dirigida fora da empresa, onde se acha lutando com o verdadeiro inimigo, a concorrência.

(Al Ries e Jack Trout, *Marketing de guerra*.)

Rapidez, tamanho pequeno, fácil deslocamento. Só uma organização "enxuta" pode responder às mudanças do mercado. Os executivos Al Ries e Jack Trout, ligados à estratégia empresarial, aproveitaram um dos acontecimentos mais dramáticos do século XX, em que os Estados Unidos, considerados a "nação mais poderosa do mundo", perderam a guerra para um inimigo mais fraco. O Vietnã dividiu as opiniões no mundo inteiro, gerando manifestações públicas, músicas de protesto e muitos filmes que retrataram as atrocidades daquela época.

Os autores utilizam da metáfora a guerra de guerrilha para exemplificar o que vinha ocorrendo em grande parte das modernas corporações norte-americanas. Para os executivos Ries e Trout, foi dada muita atenção à atividade-meio (manutenção de um exército) em detrimento da atividade-fim (vencer a guerra) e essa teria sido a causa da derrota americana e, por analogia, de muitas empresas na aguerrida luta pelo mercado.

A vantagem da guerrilha como "organização" enxuta está em seu tamanho pequeno, em sua grande mobilidade estratégica e nas decisões rápidas. Lutando por um ideal, pôde derrotar o grande exército burocratizado. Como as guerrilhas, as pequenas empresas também devem levar a maior quantidade possível de seus funcionários para a linha de fogo, ou seja, o contato direto com a concorrência. Deve-se "resistir à tentação de fazer organogramas formais, descrições de cargos, planos de carreiras e outros hábitos das grandes corporações, com um pesado quadro de assessores".

Usufruindo glórias do passado

A metáfora da guerra fica clara quando se compara a situação descrita com as grandes corporações norte-americanas que na década de 1980 viram suas posições de liderança ameaçadas pelo desempenho aguerrido das empresas japonesas e dos mercados emergentes dos Tigres Asiáticos. As estruturas gigantescas e lentas deixaram de ser eficientes, sobretudo quando disputavam a produção com empresas enxutas e ágeis dotadas de estruturas flexíveis.

REPRODUÇÃO

O anúncio de uma transportadora americana representa o sonho do empresariado: funcionários perfilados em prontidão trazem consigo a disciplina e a felicidade. Décadas mais tarde será acrescido o desafio de conciliar esses valores com o espírito de iniciativa e criatividade.

O susto que os norte-americanos levaram nos primeiros anos da década de 1990 fez com que muitos afirmassem que o capitalismo americano precisava também passar por uma *perestroika*, ou seja, uma reestruturação. Mas não foram só os Estados Unidos que experimentaram essa encarniçada batalha do comércio internacional globalizado.

Fiquemos no exemplo dos automóveis. Os carros japoneses e coreanos tiveram grande aceitação por serem menores, mais econômicos, seguros, duráveis e mais baratos do que os americanos. Apesar de as campanhas na TV americana apelarem para o nacionalismo em favor do veículo local, ninguém queria trocar tantas vantagens apenas para favorecer a economia do seu país.

Os problemas das indústrias automobilísticas americanas também faziam parte de uma série de dificuldades enfrentadas por grandes corporações de outras áreas. Foi posta em xeque toda uma cultura de administração empresarial, baseada na centralização burocrática do processo de decisões, com linhas de comando hierárquico rígidas, estabilidade no emprego e gigantismo. Demonstraram isso os fracassos ocorridos há alguns anos em empresas-modelo americanas, como General Motors, Pan Am, Sears, IBM, US Steel e outras que, no processo de crise, tiveram de demitir dezenas de milhares de trabalhadores. Muitas delas chegaram a apostar no protecionismo governamental.

Com a crise no início dos anos 90, na acirrada concorrência, as grandes corporações foram surpreendidas pelas empresas menores, mais ágeis, com maior atenção aos anseios do consumidor do que à política de interesses dos executivos. Sem mudar com rapidez seus procedimentos ou seus produtos, as enormes empresas foram perdendo terreno para seus concorrentes mais audazes, em maior sintonia com o desejo de diversidade do consumidor.

Vejamos o caso da IBM que, em 1984, teve um histórico lucro recorde de 7 bilhões para, em 1992, sofrer um baque de 8 bilhões de dólares de prejuízo, resultando na dispensa de cerca de 200 mil funcionários. Consolidada na produção de computadores de grande porte para empresas e governos, de repente a IBM se viu ameaçada por concorrentes menores, produtores de computadores pessoais e microprocessadores. A Microsoft, de Bill Gates, que nem sequer existia há alguns anos, mostrou-se audaz e flexível. Restabelecida do susto, a empresa não esqueceu a lição relativa ao poder tecnológico e do mercado, responsáveis pelo sucesso ou fracasso de grandes corporações.

Um caso mais espetacular ainda foi o da siderurgia:

> A US Steel era o símbolo da era industrial. Precisava-se do aço para tudo — os trilhos, os arranha-céus, os automóveis, os navios e os pregos — mas também para o armamento — os canhões, os tanques... A US Steel, fundada em 1901 por J. P. Morgan and Co., foi a primeira empresa do mundo a ultrapassar o bilhão de dólares em número de negócios. Além de suas aciarias integradas que permitiam produção em enormes quantidades, ela

exercia um quase-monopólio, fixando os preços de toda a indústria. No seu zênite, em 1953, a siderurgia americana empregava 650 mil pessoas.

Hoje, dela já não resta praticamente nada. Ironia do destino: a US Steel foi comprada por uma empresa petrolífera de porte médio...

(Georges Benko, *Economia, espaço e globalização — Na aurora do século XXI.*)

O aço foi sendo substituído gradativamente pelo alumínio, pelo plástico e por outros compostos químicos desenvolvidos em laboratórios, tanto para embalagens quanto para a indústria automobilística. O fenômeno reflete muito bem as transformações no sistema produtivo.

A convicção no crescimento ilimitado, na imortalidade da empresa, a confiança no passado e o conforto do mercado consolidado levaram muitas das grandes empresas a correr o risco de sumir do mapa como os pré-históricos dinossauros.

A turbulência nos escritórios

Até há alguns anos a maioria das empresas impunha a seus funcionários a máxima "Faça, não pense". Conforme reportagem da revista *Veja* de 19/10/94, vivia-se a era da centralização, da padronização e da rotina. Os funcionários ficavam anos a fio executando sempre a mesma tarefa: arquivando, carimbando, conferindo assinaturas etc.

Verificou-se, porém, que a organização centralizadora, com atividades padronizadas e rotineiras, desencoraja a iniciativa, induzindo as pessoas a obedecer ordens e a manter sua posição em lugar de se interessar por correr riscos ou questionar aquilo que estão fazendo.

Hoje as empresas voltadas para o mercado enfrentam ambientes turbulentos e muitas estão funcionando melhor com menos empregados. Compete melhor quem é mais ágil. É crescente a velocidade com que surgem novos produtos e novas técnicas de produção.

O funcionário se dá conta de que tem de se enquadrar nessa onda de renovação e toma conhecimento de expressões como "reengenharia", "qualidade total", "corte de níveis hierárquicos" e outros termos e expressões da linguagem empresarial. Os processos de ajustes atingiram em cheio os trabalhadores de escritórios.

Nos últimos tempos, houve completa revisão da maneira pela qual a empresa e os órgãos públicos produzem. A mudança trouxe muitos efeitos, dos quais os mais evidentes foram a onda de demissões e o novo conceitual.

Reengenharia, por exemplo, é um dos termos em voga no mundo empresarial desde o início da década de 1990. Na gestão de empresas, significa questionamento e mudança de todas as certezas do passado empresarial. Trata-se de redesenhar de forma total as atividades de uma empresa, em busca de radicais melhorias de desempenho, eliminando funções repetitivas ou superpostas de modo a pôr tudo abaixo com a reinvenção e redefinição das atividades.

2003 KING FEATURES/INTERCONTINENTAL PRESS

A reengenharia é, com freqüência, precedida pelo questionamento das rotinas do trabalho em todas as áreas da empresa: como se **fabrica**, como se **distribui** um produto e como se **vende** esse produto.

Em 1987, o norte-americano Michael Hammer, criador do conceito, afirmou que seu método procura se livrar do trabalho desnecessário. "Finja que sua empresa não existe e invente-a para satisfazer os clientes." Tratava-se de uma necessidade do momento impulsionada pelas novas conquistas da tecnologia. O autor defende que a reengenharia não significava necessariamente corte de funcionários, mas "recomeçar o seu negócio com uma nova folha de papel". Acabava-se com a proliferação de departamentos que funcionavam de maneira estanque e sem racionalização prévia das tarefas.

O ponto central a ser enfrentado era a adaptação dos empregados às novas tecnologias. O radical avanço tecnológico levava a uma maior rotatividade, já que várias rotinas eram substituídas por máquinas. Lentamente, foram surgindo os escritórios virtuais, onde o funcionário produzia em sua própria casa, via computador.

Há alguns anos, porém, tem se tornado cada vez mais freqüente atacar o estilo copiado do modelo norte-americano. Assim, as demissões em massa e os cortes abruptos de departamentos têm significado a quebra da cultura da empresa, resultando em desmotivação e ressentimento entre os funcionários que ficam. Houve um declínio na valorização do tão decantado capital humano, outrora visto como decisivo na busca de maior produtividade e melhor qualidade.

O conceito de reengenharia tinha como certo contar com a participação e a dedicação dos empregados, a fim de evitar a perda de confiança. Mas ela teve o efeito negativo de atemorizar os trabalhadores que sobreviveram aos cortes, deixando-os com receio de errar demais ou correr riscos. Além disso, os casos de enxugamento vitimaram grandes empresas que haviam radicalizado nos processos de reengenharia e no encolhimento dos níveis hierárquicos. Os efeitos mais perversos da devastação foram a perda de dinamismo e o enfraquecimento na iniciativa de inovar em diversos setores das empresas.

Atualmente estamos passando por uma revolução administrativa. No cotidiano da empresa, isso obriga a concentrar esforços na atividade essencial, reduzir custos e se desfazer de tudo o que for possível: relatórios, secretárias, gerentes e até de departamentos inteiros. Apenas operações vitais devem ser executadas pela empresa — tudo o mais é feito por trabalhos temporários ou entregue a terceiros.

STEVE SACK/TRIBUNE MEDIA SERVICE

Para os críticos, reengenharia é apenas um conceito sofisticado, um nome novo para velhas práticas, com um verniz científico. Ou seja, uma idéia muito simples que parte do princípio óbvio de que qualquer empresa traz consigo um ranço burocrático, com lentidão e processos emaranhados. Assim, precisaria passar por uma fase de corte de pessoal, redução de níveis hierárquicos e eliminação de procedimentos morosos.

O modelo japonês

O esforço dos japoneses para o aperfeiçoamento da produção, a fim de atender aos mais variados mercados, resultou em inovações em atividades relativas à organização de produção: redução de custos, preocupação constante com a qualidade e maior integração com fornecedores e terceiros.

O modelo japonês da busca da qualidade total foi fundamentado em princípios de gestão trazidos dos Estados Unidos após a Segunda Guerra Mundial. São eles: qualidade do produto, menor custo, eficiência na entrega, segurança e participação coletiva dos empregados na resolução dos problemas da empresa.

O toyotismo vem se tornando o modelo dominante mundialmente, superando o taylorismo-fordismo como filosofia e método de produção industrial. Surgido logo após a Segunda Guerra Mundial, levou mais de 25 anos, de 1945 a 1972, para chegar à sua forma atual. E nunca houve forte ênfase em tecnologia, que só mais tarde foi aplicada.

O principal responsável pela criação do sistema Toyota foi o engenheiro de produção Taiichi Ohno. Admirador do fordismo por sua capacidade de produzir em fluxo, Ohno criticava suas falhas no tocante ao volume excessivo de estoques que criava e à impossibilidade de produzir diversidade de modelos.

O impacto do toyotismo foi notável. Estendeu-se a preocupação com a qualidade para todas as fases do processo, disseminando-a para os fornecedores da Toyota. Posteriormente, empresas japonesas de outros setores também se interessaram por esse modelo produtivo. Desde os anos 80, o toyotismo transformou-se na forma dominante de que se compõe a moderna produção industrial. Difundiu-se pela Europa e pelos Estados Unidos, cujas empresas locais reconheceram sua superioridade técnica. No Brasil, diversas empresas também já estão empregando o método Toyota.

Segundo o professor José Roberto Ferro, o toyotismo "consiste tanto de princípios e métodos consolidados mas, muitas vezes, esquecidos, como de profundas mudanças de valores, atitudes, filosofia e técnicas de produção. Combina com sucesso um sistema de produção inovador com novas formas de gestão de recursos humanos". Seus três pilares são:

- *just-in-time* (no tempo certo), que cuida do estoque;
- eliminação de desperdícios;
- melhoramento contínuo.

Just-in-time (JIT), como a base do sistema, implica a entrega direta dos componentes na linha de produção, sem necessidade de manter estoques. Isso significa que os componentes necessários devem chegar na hora e na quantidade certas. Pensando-se a produção ao contrário, do fim para o começo, o sistema reduz o tempo total de produção e as necessidades de espaço e apresenta maior flexibilidade.

Se alguma falha ocorrer, os operadores param a linha de produção, tornando o problema visível para todos e assim obrigando sua resolução. De acordo com Ohno, "uma linha de produção que não pára ou é perfeita ou tem enormes problemas". Ora, quando os problemas vêm à tona, não podem ser protelados; têm de ser resolvidos imediatamente, de modo a evitar danos maiores.

O sistema parte do princípio de que quem sabe são aqueles que estão no chão da fábrica, envolvidos diretamente com a produção. O operador não deve temer os erros e evita-se a procura de culpados. Por outro lado, "a administração precisa descer do pedestal em que acredita estar e aproximar-se dos problemas cotidianos da produção".

A manutenção de estoques reduzidos, acompanhados diariamente, é feita pelo chamado sistema *kanban*. O kanban é um cartão de informação que aciona a produção e controla seu volume, prevenindo excessos, registra o tipo de peça e o componente determinado. Além de ligar uma seção à outra, propicia simplicidade, clareza, facilidade de operação e baixo custo. Tem como preocupação:

> Eliminar totalmente desperdícios de materiais, pessoal, movimentos, peças defeituosas, transportes desnecessários, esperas, produzir além do necessário etc. O principal estímulo da redução de desperdícios é o próprio JIT. Por exemplo, produzir além do necessário, um dos piores desperdícios, cria estoques supérfluos, espaço físico desnecessário, custos financeiros extras, papeladas a mais, pessoal extra para controle, mais confusão etc. A obsessão e a agressividade com que Ohno busca eliminar todas as atividades que não adicionem valor superam os esforços de Henry Ford e Frederick Taylor.
>
> (José Roberto Ferro, "Aprendendo com o 'ohnoísmo' — Produção flexível em massa: lições para o Brasil". *Revista de Administração de Empresas*.)

A simplificação das atividades propicia maior interação e facilita o aprendizado dos trabalhadores. Os operários são qualificados, bastante treinados e flexíveis, sem rígidas especializações de tarefas, com freqüentes rodízios entre as diferentes atividades. Além de saber operar bem diversos tipos de máquinas e tarefas, o operário deve ser responsável pela qualidade, limpeza, manutenção corretiva e transporte de materiais. Com isso, reduzem-se os conflitos entre fronteiras dos diferentes departamentos da mesma empresa. Engenheiros e operários interagem face a face.

Entre todas as revoluções técnicas trazidas pelo toyotismo, o seu vigor está na qualidade e na motivação do pessoal, aproveitado em sua potencialidade humana. Enfatizam-se o trabalho em grupo e a cooperação; incentiva-se o maior envolvimento do operário, também porque a estrutura de cargos é bastante vaga, sem tarefas rigidamente definidas. Pode-se encontrar um engenheiro ou administrador com avental e capacete, indistintamente misturado aos operários.

A chave do sucesso do método Toyota é o aprimoramento contínuo da produtividade e da qualidade. Procurando produzir de acordo com o desejo do consumidor, a qualidade deve sempre ser melhorada e esse princípio está no cotidiano da empresa e de cada trabalhador.

É, por fim, um sistema de produção extremamente flexível, com capacidade para atender rapidamente às oscilações do mercado. Evitando equipamentos fixos e especializados, preferem-se os que têm utilidade geral e versatilidade, de modo a serem facilmente alterados para se adaptar às mudanças constantes da linha de produção.

Têm sido grandes as possibilidades de aplicação universal do toyotismo. Embora algumas características culturais japonesas tenham ajudado na implantação do sistema, os muitos casos bem-sucedidos de empresas não-japonesas que se valem dele mostraram que não há nenhuma barreira cultural intransponível, apesar de muitas adaptações serem necessárias.

Não se deve ter ilusão, porém, de que os japoneses tenham encontrado a chave do sucesso nas relações de trabalho, mesmo porque o trabalho para eles ocupa o centro do processo de sociabilidade. A exigência de crescente desempenho na empresa pode levar à tensão e ao desgaste físico no limite do suportável. O operário japonês da indústria de automóveis, por exemplo, trabalha 2.300 horas por ano, enquanto o operário europeu trabalha 1.600 horas. Apesar disso, há um clima de fidelidade recíproca entre empresa e trabalhador em troca do reconhecimento de sua capacidade de trabalho. Num momento em que se busca maior maleabilidade de contratação e dispensa de mão-de-obra em todo o mundo, esse pacto de lealdade ainda tem levado a maioria das empresas a só demitir em último caso.

O processo de globalização tem forçado o Japão a abrir a sua economia. Num mundo altamente competitivo, a exigência de flexibilidade é incompatível com uma disciplina rígida de obediência à hierarquia. Educar para ser o mais homogêneo possível em relação ao grupo pode trazer problemas futuros. O conceito de coletividade no Japão inibe a idéia do individual, de tomar iniciativa por conta própria. As decisões são tomadas em grupo. Não há espaço para a diferença.

Cada vez mais as mudanças ocorrem de maneira profunda e rápida no mundo. Não se deve, porém, subestimar a capacidade do Japão de vencer novos desafios, como rapidez nas decisões, inventividade e habilidade em lidar com conflitos.

Mudança de paradigma

"Mudança de paradigma" é um termo empregado com freqüência na atualidade. A palavra "paradigma" é originada do grego e quer dizer "modelo". Aqui o termo é compreendido como a formação de um conjunto de conceitos novos, que buscam o entendimento das mudanças ocorridas no mundo do trabalho e da produção. Podemos citar alguns:

— O trabalhador deve estar pronto para adaptações constantes, sem aviso prévio.

— Na indústria, a necessidade de operar simultaneamente várias máquinas.

— Aumento do trabalho por conta própria, sem vínculo empresarial;

— Sistema de produção mais flexível.

— Subcontratação e mais trabalhos temporários.

— Muitas empresas preferem encomendar serviços em vez de contratar mão-de-obra.

— Fim do emprego (no sentido de fazer uma carreira), mas não do trabalho.

— Crescimento do trabalho feminino em todas as áreas.

— Trabalho em casa ou a distância via Internet.

— Descentralização do sistema produtivo.

— Além da antiga exigência de disciplina e correção, exige-se ainda espírito de iniciativa e criatividade.

UNIABC
112275
TOMBO

— Ante a competição e inovações tecnológicas, exige-se dos profissionais atualização constante de conhecimentos.

A TROCA DE PARADIGMAS

	Fordismo	Especialização flexível
O mercado	• Consumo em massa	• Nichos de mercado, fragmentação
A produção	• Produção em massa e bens padronizados	• Produção de pequenos lotes de produtos variados
	• Grandes estoques	• Estoques mínimos
	• Controle de qualidade no produto final	• Controle de qualidade no processo
O trabalho	• Divisão entre trabalho mental e trabalho manual	• Eliminação da divisão entre trabalho mental e trabalho manual
	• Tarefas fragmentadas e padronizadas	• Multiespecialização e multifuncionalidade
	• Divisão rígida de autoridade e responsabilidade	• Divisão informal do trabalho
	• Controle rígido por normas e estatutos	• Controle via cultural organizacional
O papel do Estado	• Intervencionismo	• Desregulamentação
	• Existência de políticas nacionais regulando negociação entre capital e trabalho	• Afastamento do Estado das questões trabalhistas
A questão organizacional	• Hierarquias verticalizadas	• Estruturas horizontais com células e grupos de trabalho
	• Centralização de funções	• Ampla descentralização de funções com alianças estratégicas, subcontratação e terceirização

(Adaptado de revista *Carta Capital*, out. 1996.)

7. Repensando o trabalho

O CRESCIMENTO ECONÔMICO É POSTO EM QUESTÃO. O QUE FAZER COM OS DESEMPREGADOS DAS NOVAS TECNOLOGIAS E COMO REMANEJÁ-LOS PARA OUTRAS ATIVIDADES DE CARÁTER MAIS SOCIAL. CONSEQÜENTEMENTE, É NECESSÁRIA UMA REFLEXÃO SOBRE OS EFEITOS DOS AVANÇOS TÉCNICOS E A HUMANIZAÇÃO DA VIDA PRODUTIVA.

Segundo alguns cientistas sociais, no atual sistema capitalista o fenômeno de substituição do novo pelo mais novo não se restringe apenas ao produto, mas se aplica até mesmo ao campo do pensamento e das teorias. Em uma sociedade dinâmica, novas teorias substituem as velhas em ritmo cada vez mais acelerado. Cria-se, então, a obsolescência planejada do pensamento.

Somente dessa forma é que se pode explicar por que foram ignoradas algumas críticas mais radicais, surgidas nos anos 60, que denunciavam um modelo social que nos levaria a crises e infelicidades. Tratava-se do movimento de contracultura (*hippies* e revolta estudantil) que prenunciava uma nova era em que o homem poderia libertar-se da escravidão da produção graças aos espetaculares aumentos de produtividade proporcionados por novas tecnologias. Viu-se depois que, em vez disso, os ganhos de produtividade puderam ser apropriados apenas por uma parcela da sociedade, quase sem contestação e sem qualquer debate mais profundo sobre a partilha dos bens.

Houve um tempo em que se denunciou com mais veemência a evolução do estilo de vida da "sociedade do consumo". As questões levantadas pelos adeptos da contracultura tocam todos aqueles que são sensíveis àquilo que chamam de "crise da civilização". Questionou-se a qualidade do progresso social que traz consigo a destruição do meio ambiente e ameaça a própria existência da espécie humana. Nunca na história da humanidade se produziu e se desperdiçou tanto. A solução do "descartável" passou a ser justificada em nome do conforto, da rapidez e do próprio consumo. Tudo é usado e jogado fora.

Há pouco mais de um século, o filósofo alemão Karl Marx já discutia essas questões. Buscava compreender de que forma o ser humano pode satisfazer suas necessidades, como condição prévia para a liberdade, mas sem que falsas necessidades se transformassem num instrumento capaz de levá-lo à servidão. Também o psicanalista Sigmund Freud investigava sobre qual base de repressão dos instintos a sociedade repousa e por que isso nos torna conformistas e nos bloqueia a ponto de colocar-nos em busca da felicidade numa trajetória calcada em frustrações e derrotas. E o filósofo alemão Martin Heidegger ponderava que a técnica como um instrumental potente tem tido, porém, o potencial de manipular seu criador, o próprio homem.

No pensamento utópico, acreditava-se que a energia humana, não sendo mais intensamente absorvida pelo trabalho, poderia liberar a expressão individual. Assim, a criatividade poderia ser empregada em todos os domínios e buscar-se-iam novas formas de relações sociais.

Estamos, porém, num cenário muito diferente desse desenhado pela utopia. As preocupações ecológicas são minimizadas pela necessidade de produzir, seja como for, para gerar riquezas e resolver o problema do desemprego. A sociedade afluente, ou seja, da abundância, do consumo de massa, deixou de se preocupar em colocar a produção a serviço do bem-estar social. A humanidade busca freneticamente um estado de satisfação que jamais se sacia.

FRANK & ERNEST® by Bob Thaves

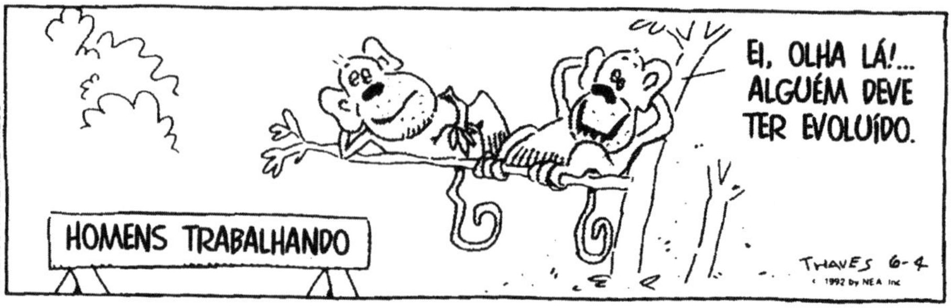

2003 UNITED MEDIA/ INTERCONTINENTAL PRESS

Houve quem dissesse que três avanços da civilização seriam suficientes para nos contentarmos com o progresso: a água encanada, a energia elétrica e o fogão a gás. Os três engenhos nos trariam um conforto enorme, e o resto seria uma busca sem fim.

De fato, essa busca sem fim se agrava tanto mais pelo fato de o capitalismo moderno ter colocado os frutos da alta tecnologia ao alcance dos consumidores comuns. Schumpeter, economista austríaco, observou que "existem mais mercadorias à disposição do operário moderno que o próprio Luís XIV, o 'Rei Sol', se teria deleitado em possuir". Dispomos de coisas que seriam inimagináveis para qualquer realeza. O balanço global dessa oferta, porém, está longe de ser inequivocamente positivo.

Incentivando o desejo

Em *O fim dos empregos*, o economista Jeremy Rifkin afirma que, no início do século XX, grande parte das pessoas se contentava em ganhar apenas o suficiente para satisfazer suas necessidades básicas e alguns pequenos luxos. Providas para a sobrevivência, preferiam ter mais tempo livre para o lazer a buscar horas adicionais de trabalho e rendimento extra.

Nesse contexto, os líderes empresariais perceberam que, para fazer as pessoas "desejarem" artigos que jamais haviam desejado antes, era preciso criar o "consumidor insatisfeito". Deixar os consumidores descontentes, por exemplo, com o automóvel que já possuíam. E não demorou muito para que os fabricantes percebessem que os desejos são insaciáveis; que a satisfação de um dá lugar a outro, sobretudo com as necessidades pessoais sendo estimuladas pela publicidade.

Na década de 1930, diz Rifkin, os trabalhadores organizados começaram a reivindicar redução da jornada de trabalho como saída justa para a crise. Acreditavam no direito de compartilhar os ganhos de produtividade propiciados pelas novas tecnologias poupadoras de mão-de-obra. Foram levados a pensar que, ao serem cada vez mais produtivos, certamente conseguiriam livrar-se de seu trabalho interminável. Mas, observa Rifkin, pela primeira vez começam a perceber "que, muitas vezes, ganhos de produtividade não levam mais ao lazer, mas às filas do desemprego".

Numa corrida desenfreada pela competição global, as empresas têm como meta a aceleração da produção visando ao consumo. Tornam-se alheias a qualquer responsabilidade ou preocupação social na partilha de seus ganhos. O presidente de uma multinacional automobilística assim respondeu a um jornalista da *Business Week*: "A idéia de que as empresas devem assumir responsabilidades sociais é totalmente ridícula". A justificativa é a de que isso "simplesmente onera a indústria e ela deixa de ser competitiva".

Ainda estamos diante daquela mesma visão de capitalismo do século XIX, quando o filósofo inglês Spencer formulou o conceito que chamou de "capitalismo da sobrevivência do mais apto". Na visão de Spencer, os mais fracos inevitavelmente seriam derrotados pelos mais fortes do ponto de vista econômico.

A reação a essa forma de pensamento se deu por meio de teorias e movimentos igualitários, como os ideais socialistas, que propunham a busca de uma sociedade mais justa.

Preparando-se para o futuro

Na sociedade capitalista, contudo, o processo foi outro. A fragmentação da classe operária e seu crescente afastamento do convívio em espaços públicos, como cinema, culto religioso, assembléia sindical, comício, partidas de futebol, festas populares e deleite nos parques públicos, foram cedendo lugar ao refúgio da vida privada proporcionada pela televisão, pelo vídeo e pelo telefone. Na chamada "cultura do narcisismo", ou "cultura do eu", o indivíduo busca com afinco o isolamento e, ao mesmo tempo, luta contra a solidão.

O espaço público de uma cidade tende, cada vez mais, a ser transferido, também, aos ambientes privados dos *shopping centers*, que oferecem ar refrigerado, limpeza e segurança. Toda essa ambiência cultural age como antítese da convivência social, enfraquecida pela redução do espírito de comunidade.

Embora muito do que falamos aqui esteja mais próximo das sociedades de economia mais avançada, tem havido reflexos também em nosso país. Pelo menos nos grandes centros urbanos, percebem-se os efeitos das novas tecnologias no comportamento. Há quem diga que, no futuro, seremos condenados a procurar em outro lugar, fora da esfera do trabalho, o sentido da vida humana.

Para muitos, a tarefa seria repensar o trabalho e mostrar que o seu reinado vincula-se a certa época histórica que pode estar chegando a seu final. Ninguém no mundo sabe o que fazer com o crescente número de excluídos do trabalho.

Os historiadores constatam que o trabalho, pelo menos na sociedade moderna, está longe de ser inerente à humanidade. Na realidade, é um acontecimento histórico, que apareceu muito tarde na evolução das sociedades e está destinado a um desaparecimento próximo. Pelo menos o modelo de trabalho fabril com chaminés e multidão de operários.

O norte-americano Wassily Leontief, Prêmio Nobel de economia em 1973, tem feito afirmações provocativas acerca das transformações por que passamos. Uma delas é acreditar que os trabalhadores substituídos pela automação industrial vão encontrar novos trabalhos na fabricação de robôs. Isso, porém, seria equivalente a imaginar que os cavalos substituídos pelos tratores na agricultura teriam sido utilizados nas fábricas de automóveis.

O consenso para solucionar o desemprego crescente nos países industrializados seria a redução radical da jornada de trabalho. Isso implica aceitar que o conceito de emprego tradicional está em crise, já que o trabalho físico é feito pelas máquinas e, num futuro próximo, também o mental o será pelos computadores. Ao homem cabe a tarefa de ser criativo, ter idéias.

A busca pela qualidade de vida tem causado preocupações entre os estudiosos. A sociedade que daí deverá surgir poderá ser sadia se houver nova redistribuição da carga horária; poderá também transformar-se em um inferno e em frustrações para grande parte dos desempregados.

Se na sociedade pós-industrial existe a possibilidade de prosperidade sem muito trabalho, infelizmente ela é hoje administrada por aqueles que dão as cartas com critérios voltados para o passado. Segundo o sociólogo italiano Domenico de Masi, os nossos governantes foram educados no auge do período industrial e tendem a aplicar soluções antigas para novos problemas. Tentam resolver a crise demitindo ou buscando "criar" novos empregos.

Como se vê, existe uma arraigada ética do trabalho; habituamonos a ter o que necessitamos com o suor do nosso rosto. O homem foi domesticado para o trabalho. Viver sem trabalho provoca sentimento de culpa, é malvisto e causa mal-estar.

Há quem acredite que a sociedade *high-tec* (alta tecnologia) não nos levará a lugar algum. O que já foi denunciado ruidosamente há algumas décadas tem retornado timidamente em épocas recentes. Ou seja, crescem os descontentes com os rumos que a sociedade está tomando. Há uma recusa à imposição da técnica, havendo quem combata a todo custo o que considera a desumanização do mundo pela máquina. Há quem derrube ponto por ponto a falácia da democracia eletrônica e da panacéia digital. Desconfia-se da multiplicidade de engenhos postos à nossa disposição. Coloca-se em questão o que alguns já perceberam: como os automóveis, que foram feitos para encurtar distâncias e rapidez, têm resultado quase oposto. Hoje, perdemos tanto tempo resolvendo novos problemas criados pela tecnologia quanto o que ganhamos com sua rapidez.

> É certo que estamos rodeados de bens que nossos ancestrais não podiam imaginar, mas há muito de ilusório na apreciação que fazemos disso. Possuímos, por exemplo, automóveis que permitem que nos desloquemos mais rapidamente ao trabalho ou que saiamos da cidade para desfrutar um pouco da natureza, mas nossos antepassados, sem necessidade de tais máquinas, conseguiam facilmente ambas as coisas, pois trabalhavam em suas casas ou perto delas e estavam na natureza ou chegavam a ela sem esforço com suas pernas ou sobre o lombo de um cavalo, sem engarrafamentos, sem tensões e com menos acidentes. É certo que não chegavam tão longe quanto nós, mas é também certo que não precisavam disso.
>
> (Mariano Enguita, *A face oculta da escola*.)

Lazer e fartura causam apreensão

Seria um absurdo, porém, impedir o avanço da tecnologia, ou retroagir. Se o ser humano pôde criar robôs teleguiados por computadores trabalhando para ele, por que parar tal processo? Por que não colocá-los a serviço de todos? Por que não redistribuir o trabalho para todos, com menor carga horária, como já havia proposto Keynes em 1930? Talvez não seja necessário mais do que isso, embora soluções como essas impliquem grandes transformações na sociedade dos que detêm o poder econômico.

Outro aspecto interessante na questão da civilização pós-industrial é a preocupação dos pensadores acerca do possível mau uso do tempo. Para Keynes, o tempo livre "é um problema assustador para as pessoas comuns e sem talentos especiais, particularmente se não tiverem mais raízes na terra ou nos costumes ou nas consagradas convenções de uma sociedade tradicional".

A preocupação com a qualidade de vida inclui o bom uso do tempo livre. Em vez da desesperada busca de consumir coisas novas, podemos valorizar o que já temos e disso desfrutar. Mas uma atitude como essa significa o oposto da mentalidade em vigor na sociedade industrial, em que se incentiva a busca do que ainda não se possui ou a substituição do novo pelo mais novo.

Para atacar seriamente o desemprego, seria preciso primeiro destituir o trabalho, em geral alienante, dessa suposta e ideológica veneração que o envolve há dois séculos e impede que sua supremacia seja contestada. A vontade feroz dos poderes públicos de "salvar" o trabalho é insana. Seria absurda a tentativa de criar tarefas monótonas, rotineiras e sem criatividade apenas para manter as pessoas ocupadas.

Por sua vez, o economista Wassily Leontief expressa preocupação quanto à valorização do tempo livre. Afirma que, "se trabalharmos menos, talvez passemos mais tempo sentados na frente da televisão". O enriquecimento do lazer, argumenta Leontief, "só pode vir com uma melhora na educação".

É enganosa a crença no treinamento de pessoas para a ocupação de novos empregos. Sobretudo se nos lembrarmos de que, nos países desenvolvidos, uma parcela dos desempregados é composta de indivíduos com elevado grau de escolaridade. Talvez se devesse criar uma política de valorização das pequenas comunidades que consigam manter ocupadas as pessoas em uma era quase sem trabalhadores. Ajuda com subsídios terá de ser prestada ao trabalho social voluntário ou organizado.

A globalização do mercado e a redução do papel do setor público têm levado as comunidades a se organizarem para garantir o seu futuro. As entidades e associações sem fins lucrativos, como as ONGs, por exemplo, têm-se voltado para as soluções dos interesses das próprias comunidades onde atuam.

Devemos repensar o próprio trabalho, pois há grande quantidade de atividades que podem ser feitas na sociedade sem envolver fábricas nem escritório nem governo. São os setores sem fins lucrativos que se dedicam à ajuda ao meio ambiente e a pessoas doentes, idosas, crianças, à educação e ao lazer.

Os benefícios, porém, surgirão na medida em que repartirmos os ganhos da produção. Sem emprego, quem consumirá? Sem consumo, quem empregará? É por esse motivo que a formulação de uma renda mínima, independentemente de qualquer trabalho, encontra defensores em quase todos os segmentos sociais.

O processo de globalização poderá significar a radical ruptura com o modelo anterior de sociedade e suas transformações certamente serão duradouras.

KUMAR, Krishan. *Da sociedade pós-industrial à pós-moderna*. Rio de Janeiro, Jorge Zahar, 1997.

MAGNOLI, Demétrio. *O novo mapa do mundo*. São Paulo, Moderna, 1995.

MAGNOLI, Demétrio e ARAUJO, Regina. *Para entender o Mercosul*. São Paulo, Moderna, 1994.

MATHEWS, Gordon. *Cultura global e identidade individual*. Bauru, Edusc, 2002.

ORTIZ, Renato. *Mundialização e cultura*. São Paulo, Brasiliense, 1994.

PILLETTI, Nelson e PRAXEDES, Walter. *O Mercosul e a sociedade global*. São Paulo, Ática, 1995.

RIES, Al e TROUT, Jack. *Marketing de guerra*. São Paulo, McGraw-Hil, 1986.

RIFKIN, Jeremy. *O fim dos empregos*. São Paulo, Makron Books, 1995.

SORMAN, Guy. *Os verdadeiros pensadores do novo tempo*. Rio de Janeiro, Imago, 1989.

VESENTINI, J. William. *A nova ordem mundial*. São Paulo, Ática, 1996.

Cadernos especiais

Folha de S.Paulo

O Estado de S. Paulo

Jornal da Tarde

Jornal do Brasil

Exame

Veja

Pedagogia
BIBLIOTECA: MARIO DE ANDRADE
PREÇO: R$ 18,10 N.F. 129201/27/08/07
ORIGEM: CIA dos Livros
DATA: 04/09/07
TOMBO: J12275

Bibliografia

ANDERSON, Perry. "Balanço do neoliberalismo". Em Emir Sader (org.). *Pós-neoliberalismo*. Rio de Janeiro, Paz e Terra, 1995.

ANTUNES, Ricardo. *Adeus ao trabalho?*. São Paulo, Cortez, 1995.

BATISTA, Paulo N. "Cláusula social e comércio internacional: uma antiga questão sob nova roupagem". Em *Política externa*, v. 3, n. 2, set. 1994.

BECKOUCHE, Pierre. *Indústria, um só mundo*. São Paulo, Ática, 1995.

BENKO, Georges. *Economia, espaço e globalização — Na aurora do século XXI*. São Paulo, Hucitec, 1996.

ENGUITA, Mariano. *A face oculta da escola*. Porto Alegre, Artes Médicas, 1989.

FERRO, J. Roberto. "Aprendendo com o 'ohnoísmo' — Produção flexível em massa: lições para o Brasil". Em *Revista de administração de empresas*. v. 30, n. 3, jul./set. 1990.

HAAR, Michel. *L'homme unidimensionnel* — Marcuse. Paris, Hatier, 1975.

HALL, Stuart. *Identidades culturais na pós-modernidade*. Rio de Janeiro, DP&A, 1997.

HARVEY, David. *A condição pós-moderna*. São Paulo, Loyola, 1993.

HOBSBAWM, Eric. *Era dos extremos*. São Paulo, Companhia das Letras, 1995.

HUNTINGTON, Samuel P. *O choque de civilizações e recomposição da ordem mundial*. Rio de Janeiro, Objetiva, 1997.

IANNI, Octávio. *A sociedade global*. Rio de Janeiro, Civilização Brasileira, 1995.

__________. *Teorias da globalização*. Rio de Janeiro, Civilização Brasileira, 1995.

JACOBY, Russel. *Amnésia social: uma crítica à psicologia conformista de Adler a Laing*. Rio de Janeiro, Zahar, 1977.

KENNEDY, Paul. *Preparando para o século XXI*. Rio de Janeiro, Campus, 1993.

KLEIN, Naomi. *Sem logo: a tirania das marcas em um planeta vendido*. São Paulo, Record, 2002.